HEYNE
BÜCHER

Charlotte Kost

# Keltisches Baumorakel

Altkeltische Weisheit:
Bäume deuten Ihr Schicksal

WILHELM HEYNE VERLAG
MÜNCHEN

HEYNE ESOTERISCHES WISSEN

Herausgegeben von Michael Görden
13/9863

*Umwelthinweis:*
Dieses Buch wurde auf
chlor- und säurefreiem Papier gedruckt.

Originalausgabe 10/2001

http://www.heyne.de
Printed in Germany 2001
Lektorat: Renate Schilling
Innenillustrationen: Sylvia von Braun und Charlotte Kost
Umschlaggestaltung: Frankl Design, München
Herstellung: H + G Lidl, München
Satz: Fotosatz Völkl, Puchheim
Druck und Bindung: Ebner Ulm

ISBN 3-453-18921-3

# Inhalt

# Einführung

Der Baumkreis der Kelten war eine kultische Weihestätte, die mit dem Zeremoniell der Weissagung eine besondere Bedeutung bekam. 21 Bäume, in der Anordnung eines heiligen Hains, wurden in das menschliche Leben einbezogen.

Die streng in sich geschlossene Gesellschaft der Druiden hatte die Aufgabe, zukunftsweisende Aussagen abzugeben.

Die Druiden waren eine auserwählte Gemeinschaft begabter und mit besonderen Talenten ausgestatteter Menschen, die mit ihrer Intuition meisterhaft umgehen konnten. Sie lebten in enger Beziehung zur Natur und damit auch mit dem Wesen der Bäume. Sie wussten, dass der Mensch, so wie jeder Baum, einbezogen war in die Urkraft der Sonnenenergie, die je nach Jahreszeit mit unterschiedlichen Qualitäten ausgestattet ist.

Auch die wechselnden Phasen des Mondes weckten ihr Interesse. Man war davon überzeugt, dass das schnell wechselnde Gesicht des Mondes Auslöser war für die ab und zu doch recht seltsame Verhaltensweise der Menschen.

So fanden sich gute Vergleichsmöglichkeiten zwischen der seelischen, geistigen und körperlichen Verfassung eines Menschen und dem Baum, der eine Stellung im Baumkreis innehatte, die dem jeweiligen Geburtsdatum entsprach.

Heute wissen wir, dass die Frage nach dem Schicksal in engstem Zusammenhang mit dem Charakterbild eines Menschen steht. Hier liegt der logische Ansatz für jede Weissagung: Die persönliche Wesensart wird als Grundlage dafür verstanden, wie sich das persönliche Schicksal gestalten wird.

Die Weissagungen der Druiden waren ein durchdachtes System, um dem Menschen die Angst vor dem Leben und die Sorge um die Zukunft abzunehmen. Intuition und Inspiration ermöglichten es, Zusammenhänge zu erfassen, die dem Menschen im Allgemeinen verschlossen sind.

Lassen Sie sich von den keltischen Orakelaussagen auf der Grundlage des Baumkreises überzeugen!

# APFELBAUM

*23. 12. – 1. 1.*
*25. 6. – 4. 7.*

## Allgemeines

Apfelbaum-Geborene kommen auch ohne die Sympathie der lieben Nächsten über die Runden. Der enorme Tatendrang, den sie vor allem im beruflichen Bereich zeigen, ist für die Apfelbaum-Leute, besonders der ersten Dekade, etwas Selbstverständliches. Doch nichts sollte übertrieben werden. Ihre Gesundheit ist zwar stabil, aber nicht unbegrenzt belastbar. Es sind auch noch andere Energien im Spiel, die im privaten Bereich besser zum Einsatz kommen. Das wird ihnen leider viel zu selten bewusst. Obwohl sie sich glücklicher fühlen würden, wenn nicht nur obligatorischer Übereifer ihr Leben bestimmen würde.

Wichtig wäre vor allem, dass das gesprochene Wort besser zur Geltung kommt. Apfelbaum-Leute sind bei der ersten Kontaktaufnahme nicht besonders geschickt. Sie würden sich und ihrem angestrebten Erfolg einen guten Dienst erweisen, wenn sie sich anderen gegenüber etwas redseliger und umgänglicher zeigen könnten.

Auch wenn es diesen Menschen schwer fällt, ab und zu einen arbeitsfreien Tag einzulegen, so wäre das doch geeignet, ihren Bemühungen, beruflich Hervorragendes zu leisten, neue Impulse zu geben.

Da sie sich finanziell schnell zufrieden geben, ist es müßig, diesen Bereich näher zu berühren. Haben sie besondere Zukunftspläne, so wäre dieses Thema aber doch wichtig. Apfelbaum-Männer wissen das und sorgen, wenn notwendig, stets rechtzeitig für die erforderlichen Geldmittel.

Familiär ist meist alles in Ordnung, denn sie haben nicht die

geringste Lust, sich mit den ihnen näher stehenden Mitmenschen Ärger aufzuladen.

Apfelbaum-Geborene können sporadisch immer wieder mit angenehmen und vorteilhaften Sonnenaspekten rechnen. Das heißt: Sie fühlen sich wohl und können nicht sagen, warum. Sie sind dann jedem Arbeitspensum gewachsen und haben es nicht nötig, sich besonders anzustrengen.

Auch was die finanzielle Lage angeht, gibt sich die erste Dekade schnell zufrieden. Die Sommer-Dekade ist ebenfalls nicht anspruchsvoll. Doch wenn sich eine Möglichkeit ergibt, das Konto aufzufüllen, greift man rasch zu und scheut keinen Sondereinsatz. Glückliche Zufälle sind nicht auszuschließen und auch ausgefallene Ideen sind manchmal in klingende Münze umzusetzen.

Der erzkonservative Apfelbaum muss sich besonders in den ersten Herbstmonaten mehr Bedächtigkeit angewöhnen. Der Herbst ist für ihn immer eine Umbruchzeit, die nicht zu stark mit Verpflichtungen belastet werden darf.

Ergeben sich mit Mitarbeitern erhebliche Differenzen, so sollte dies keine Weltuntergangsstimmung heraufbeschwören. Man sieht es dem Apfelbaum-Typus der letzten Dezemberwoche allerdings nie an, wenn er mit Schwierigkeiten zu kämpfen hat. Seine Miene bleibt immer die gleiche, auch wenn er in der Seele zutiefst unglücklich ist.

Ausgezeichnete Pluspunkte ergeben sich im Herzensbereich, sollten Sie sich im Monat Dezember hierzu die nötige Ruhe gönnen, die Ruhe, die andere an vielen Tagen des Jahres ganz selbstverständlich in Anspruch nehmen.

Sind Apfelbaum-Leute bemüht, sich eine selbstständige Existenz aufzubauen, so ist dies für sie keine aussichtslose Angelegenheit. Es muss nur darauf geachtet werden, dass das seelische Wohlbefinden dabei nicht auf der Strecke bleibt. Auch wenn sie sich niemals über diverse Missstimmigkeiten beklagen, so könnte doch in einem Winkel ihrer Seele Kummer vorhanden sein. Geheimer Kummer ist aber keineswegs geeignet, um ein neues Vorhaben mit großem Schwung durchzuziehen.

Für Apfelbäume, die sich in einem abhängigen Arbeitsverhältnis befinden, gibt es Entwicklungsmöglichkeiten, die steil nach oben führen. Jeder Versuch, besonderen Eifer und besondere Aufmerksamkeit zu entwickeln, ist dabei allerdings müßig.

Im Gefühlsbereich der Apfelbaum-Geborenen ist nur in Ausnahmefällen alles »im grünen Bereich«. Sie haben sich jedoch längst damit abgefunden, dass vieles unangenehm ist und ihren Ansichten zuwiderläuft.

Sicher hat kein Mensch in ihrer nächsten Umgebung die Absicht, ihnen das Leben schwer zu machen. Die Ursache von Missstimmungen liegt meist in einem krassen Unterschied der Veranlagungen.

Stellt sich erst dann Friede ein, wenn sie resigniert aufgegeben haben, sich zu behaupten, ist das nicht besonders angenehm. Doch ist es immer noch besser, als mit sauertöpfischer Miene den eigenen Standpunkt zu behaupten.

Behalten Sie ab und zu auch die Bedürfnisse im Auge, die Ihre Seele zufrieden stellen. Ärger, der bei Ihnen häufig durch die Oberflächlichkeit anderer Menschen aufkommt, können Sie nicht vermeiden. Aber mit ein bisschen Humor wird auch unbequemes Verhalten anderer nicht zur Katastrophe.

Vielleicht ist es sogar möglich, dass sich ein liebenswerter Freund oder ein Ihrem Herzen nahe stehender Partner als guter Geist erweist und Ihnen eine heile Welt vor Augen führt. Schnell sind Sie dann wieder in guter Verfassung und auch noch so lästiger Alltagskram kann Sie dann nicht mehr in Verzweiflung bringen.

Apfelbaum-Leute der Sommer-Dekade sollten sich unbedingt abgewöhnen, sich von Stimmungen anderer Leute abhängig zu machen. Ob die Laune eines Kollegen oder eines Familienangehörigen nun gut oder schlecht ist, spielt doch für Sie und Ihr Leben keine Rolle. Seien Sie nett und freundlich, ob es dem lieben Nächsten nun gefällt oder nicht. Sie ganz alleine haben es in der Hand, ob Sie sich glücklich und zufrieden fühlen oder nicht. Ihr Wohlbehagen steigt und fällt nicht mit dem, was andere tun oder lassen.

Apfelbaum-Damen haben es generell etwas leichter im Leben als Apfelbaum-Herren. Sie fühlen sich wohl, wenn der Umgang ihrem Naturell entspricht. Sie haben auch die Gabe, sich nach vielen Seiten sympathisch zu zeigen. Damit bekommt ihr Leben einen gewissen Reiz, den man bei den männlichen Apfelbäumen häufig vermisst.

Eine gute Zeit bahnt sich immer an, wenn der Sommer beginnt. Mit den intensiveren Strahlen der Sommersonne wird es möglich, endlich auch die Liebe zu Wort kommen zu lassen. Was zu dieser Jahreszeit emotional besonders in den Vordergrund rückt, ist die Sehnsucht nach einer intensiven Partnerschaft.

Sind Sie in der glücklichen Lage, einen liebenswerten Partner zu haben, könnte in einem Sommer ein unvergesslicher Lebensabschnitt beginnen. Auch die Möglichkeit, eine eheliche Bindung einzugehen, ist nicht ausgeschlossen. Dieser Partner müsste jedoch genau Ihren Vorstellungen entsprechen und Sie sollten Mittelpunkt seines Lebens werden! Nur unter diesen Voraussetzungen ist ein Apfelbaum-Mann zu gewinnen. Doch die Gewissheit, dass ein Apfelbaum-Mann ein Goldstück sein kann, macht vieles erträglich.

In der Hochsommerzeit sind auch materielle Vorhaben meist erfolgreich zu realisieren. Bauen Sie sich, wenn die Zeichen dafür positiv stehen, ein Fundament, das für Ihr ganzes Leben eine gute Basis ist.

Im Bereich der Liebe müssen jetzt zum Teil völlig neue Wege akzeptiert werden. Ob kameradschaftlich oder betont erotisch, man segelt in den Monaten Juli und August immer unter der Flagge der Persönlichkeitsentfaltung.

# Konzentrierte Sonnenenergie für meinen Baum

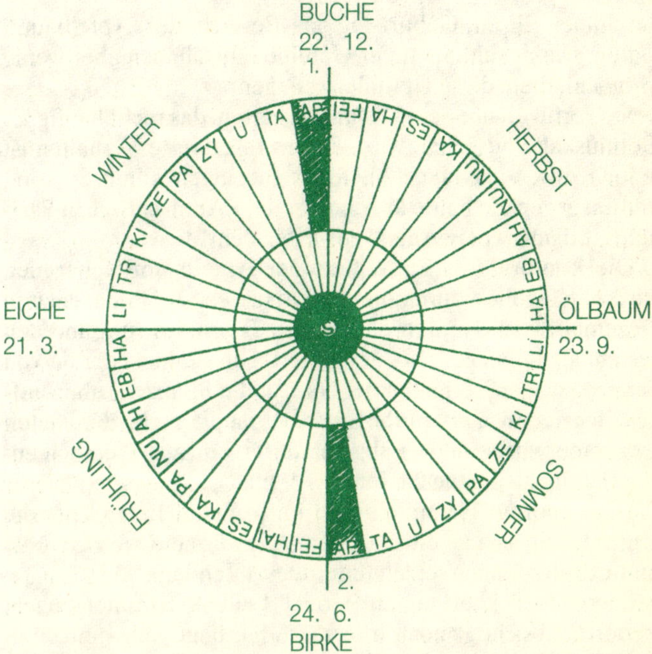


Der markierte schmale Abschnitt zeigt die Position Ihres Baumes innerhalb der vier Jahreszeiten an. Die zu diesem Zeitpunkt wirksame Sonnenenergie ist ein kosmischer Einfluss, durch den das Universum eine besonders enge Beziehung zur Erde und damit zu den an diesen Tagen geborenen Menschen herstellt.

Die einzelnen Baumfelder sind mit den Anfangsbuchstaben des betreffenden Baumes gekennzeichnet.

## Liebe und Partnerschaft

### 23. 12. – 1. 1. Erste Dekade

Sie haben Ihren Geburtstag im Bereich der Apfelbaum-Daten. Damit sind Sie tiefer Gefühle fähig, haben aber wenig Möglichkeiten, diese Gefühle zu zeigen.

Sie verfügen über ein Distanzverhalten, das recht häufig als Gefühlskälte ausgelegt wird. Dieses reservierte Verhalten ist jedoch etwas, das auch Vorteile einbringen kann: Sie sind immun gegen die heute übliche Art der »Anmache«. Ein Partner hat damit wenig Anlass zur Eifersucht!

Die konservative Einstellung der Apfelbaum-Geborenen wird verständlich durch die Geburtsdaten, die in der letzten Dezemberwoche und in den letzten Tagen des Juni und den ersten des Juli liegen. In den Wintertagen ist man geprägt von dem zögernden Verhalten der Natur. Alle Pflanzen ruhen aufbruchbereit noch unter der Erde. Lila ist die Farbe der letzten Dezemberwoche und in abgemilderter Form ist sie auch zuständig für die Daten 25. Juni bis 4. Juli.

Eine enorme Hemmschwelle im privaten Bereich ist die Unfähigkeit, sich zu entschließen. Alle vorhandenen Gefühle und Empfindungen leiden unter dieser Tendenz.

Diese Zurückhaltung im Bereich Liebe und Zuneigung ist weder beabsichtigt noch inszeniert. Sie liegt ganz einfach in der Natur des von den Daten des Apfelbaums geprägten Menschen. Bedenken Sie dabei aber: Kein Partner, auch nicht der innigst liebende, kann in Ihr Innerstes sehen. Soll eine Liebe, eine Beziehung, eine Ehe harmonisch verlaufen, müssen Sie sich bemühen, die angeborene Zurückhaltung zu überwinden.

## 25. 6. – 4. 7. Zweite Dekade

Apfelbaum-Geborene der zweiten Dekade stehen mit allen Sinnen mitten im Leben. Sie werden leichter mit Enttäuschungen fertig als mit Vorsichtsmaßnahmen, die jedes Risiko ausschließen. Suchen Sie also Kontakt zu Menschen, die Ihnen auf irgendeine Weise sympathisch sind. Schon ein angenehmes Äußeres kann dabei genügen!

Im Gefühlsbereich sind in den Monaten, die vom Element Feuer beherrscht werden, jede Menge Hemmschwellen zu überwinden. Der Trend zum Alleinsein, zur Isolation, bringt zwar weniger Probleme mit sich, ob diese Situation Ihnen wirklich zusagt, ist jedoch eine andere Frage.

Ein kleiner Hinweis für besonders günstige Tage im Bereich Liebe und Partnerschaft: Es sind die Monate Juli und November, die recht viel versprechend sein können! Allerdings ist auch an diesen Tagen Geduld angesagt, die der zweiten Dekade recht häufig abgeht.

Sonderwünsche werden erfüllt, wenn die kalten Tage und Wochen vorüber sind. Jedes Apfelbaum-Naturell braucht den Strahlungsbereich der intensiven Sonne.

Ein Wort noch zu dem Grundübel, das hier immer wieder Probleme aufwirft: Tiefe Eifersucht, die Apfelbaum-Leute wie Fieber überfallen kann, macht ihnen das Leben zeitweise zur Hölle. Hören Sie dann bitte nicht auf negative Einflüsterungen, die Ihnen Schreckliches prophezeien! Wer weiß schon, was in Ihnen und Ihrem Partner vorgeht!

Apfelbaum-Geborene sind nicht so empfindlich, wie es zeitweise den Eindruck hat. Sie können auch schlechte Erfahrungen verkraften, die bei vielen anderen Depressionen auslösen würden.

# Harmonische Partnerschaften

**Apfelbaum**
In der nachfolgenden Liste sind unter den Geburtsdaten der Apfelbaum-Dekaden jeweils die Geburtstage eines möglichen Partners eingetragen.
Eine Partnerschaft innerhalb dieser Geburtsdaten verspricht ein angenehmes Miteinander. Man kann Verständnis füreinander aufbringen, auch wenn das Leben einmal nicht glatt verläuft oder unangenehme Zwischenfälle die Atmosphäre belasten. Es ist der Gleichklang des Grundverhaltens, der für Harmonie sorgt.

**Apfelbaum – 1. Dekade, 23. 12. – 1. 1.**

| | |
|---|---|
| Tanne – 1. Dekade | 2. 1. – 11. 1. |
| Ulme – 1. Dekade | 12. 1. – 24. 1. |
| Kiefer – 2. Dekade | 24. 8. – 2. 9. |
| Trauerweide – 2. Dekade | 3. 9. – 12. 9. |
| Linde – 2. Dekade | 13. 9. – 22. 9. |
| Nussbaum – 1. Dekade | 21. 4. – 30. 4. |
| Kastanie – 1. Dekade | 15. 5. – 24. 5. |
| Buche | 22. 12. |

**Apfelbaum – 2. Dekade, 25. 6. – 4. 7.**

| | |
|---|---|
| Tanne – 2. Dekade | 5. 7. – 14. 7. |
| Ulme – 2. Dekade | 15. 7. – 25. 7. |
| Trauerweide – 1. Dekade | 1. 3. – 10. 3. |
| Linde – 1. Dekade | 11. 3. – 20. 3. |
| Nussbaum – 2. Dekade | 24. 10. – 11. 11. |
| Kastanie – 2. Dekade | 12. 11. – 21. 11. |
| Eiche | 21. 3. |
| Birke | 24. 6. |

## Gesundheit

Eine unverwüstliche Urkraft ist in den Menschen verankert, die den Apfelbaum in ihren Geburtsdaten haben. Zähigkeit und eine enorme Belastbarkeit stehen dem Baum wie auch den Apfelbaum-Geborenen zur Verfügung.

Damit kann man tatsächlich zum Sklaven des eigenen Lebens werden. Das bringt Nachteile ein, die sich im Wohlbefinden und bei der Gesundheit ungünstig auswirken.

Eine nur auf Pflichterfüllung ausgerichtete Haltung macht besonders anfällig für Beschwerden im Gelenkbereich. Knie und Hüfte sind am häufigsten davon betroffen. Im Berufsbereich darf daher nichts zu ernst genommen werden.

Ein Missgeschick oder Ärgernis im Privatbereich sollte man niemals als Unglück betrachten. Auf keinen Fall darf es so weit kommen, dass die Seele leidet!

Der kühle Verstand funktioniert bei allen Apfelbaum-Leuten ganz ausgezeichnet. Er ist geradezu dafür prädestiniert, einer zaghaft oder unglücklich gewordenen Seele das Selbstbewusstsein zurückzugeben, das sie von Anfang an mitbekommen hatte.

# TANNE

*2. 1. – 11. 1.*
*5. 7. – 14. 7.*

## Allgemeines

Die Beziehung der Tanne-Geborenen zur Umwelt, auch zu den Familienangehörigen, ist von besonderer Art. Man zeigt sich reserviert, obwohl ein enges Verhältnis zu diesem Personenkreis eigentlich erwünscht wäre. Doch man will in Ruhe gelassen werden. Denn es wurde schon in den Entwicklungsjahren davon geträumt, etwas Außergewöhnliches zu leisten. Alle Fähigkeiten und Talente haben einen Hang zum Extremen. Materielle Vorteile sind dann ausschlaggebend.

Zudem ist das Tanne-Naturell in den meisten Fällen mit einer betont konservativen Einstellung ausgestattet.

Vor allem im Bereich der ersten Dekade sollte ein Partner gewählt werden, der über Frohsinn und viel Einfühlungsvermögen verfügt. Sind diese Voraussetzungen gegeben, kann sich eine Partnerschaft sehr erfreulich entwickeln.

Juli-Tannen haben die gleiche Grundveranlagung und eine ähnliche charakterliche Grundsubstanz. Nur kann man bei ihnen eine stärkere Schicksalsergebenheit erwarten, die dem Leben mehr Ruhe verleiht.

Dieser Unterschied zeigt sich auch im Lebensraum der Tannen in der Natur: Einerseits die Bergtanne, die sich hoch oben, Wind und Wetter ausgesetzt, nicht nur zufrieden, sondern sogar glücklich fühlt. Andererseits die Flachlandtanne, die die Gemeinschaft ihrer Artgenossen sucht, möglichst in einem tiefen Wald, wohin sich nur Rehe und Hasen verirren.

Die solide Note bei den Tannenarten, ob im Januar oder im Juli geboren, führt zu Lebensmöglichkeiten, die ihrem Naturell entgegenkommen.

Ein stabiles Leben ohne Aufregungen macht die Januar-Herren zufrieden und friedfertig. Die Bereiche Haus, Garten und Grunderwerb stehen bei ihnen hoch im Kurs. Sie sind von der Gunst der Zufallsgeschehnisse stets besonders berücksichtigt. Freunde und Mitarbeiter werden bei ihnen kaum Einfluss ausüben können. Auch wenn sie sich dadurch manche Chancen verspielen, werden sie ihr Verhalten deshalb nicht verändern. Nur ein Partner, der besonders verständnisvoll und großzügig ist, wird sich ihrer vorgegebenen Meinung anschließen können.

Materielle Sonderzuwendungen können beide Dekaden nur selten erwarten. Sie gehören zu den Menschen, die sich sowieso nur sehr ungern finanziell verpflichtet fühlen. Es wäre sehr zu empfehlen, dass sich dieser Tanne-Typus in seiner Freizeit den kleinen Freuden des Lebens nicht verschließt. Er hat ein gutes Gespür dafür, dass ein anstrengendes Engagement einerseits und das süße Nichtstun andererseits gut ausbalanciert sein müssen.

Die traditionelle Auffassung, dass ein wacher Geist Respekt verdient, ist heute sehr verwässert. Geben Sie sich damit zufrieden, dass Geist immer noch ausschlaggebend ist, wenn besondere Ergebnisse verlangt werden. Beachtung und Anerkennung dürfen Sie dafür allerdings nicht erwarten.

Ihr Leben verläuft meist in geregelten Bahnen. Ihre Bemühungen, im Leben etwas zu erreichen, sind selten ergebnislos. Sie können zeitweise sogar damit rechnen, dass sich besonders günstige Möglichkeiten ergeben. Energien aus dem kosmischen Raum, die den Tannen in der Natur gut bekommen, sind auch für Sie aktiv. Mit dieser Kräftezuteilung aus dem Universum ist es sogar möglich, selbst verschuldete Pechsträhnen zu bewältigen.

Allerdings spuken bei Tanne-Geborenen immer wieder die ausgefallensten Ideen im Kopf herum. Nur bei den unmöglichsten sind sie bereit, von einer Realisierung abzusehen.

Im Mitarbeiterbereich herrscht in den Herbstmonaten meist eine gewisse Kampfstimmung. Hier ist es möglich, dass es einem missgünstigen Zeitgenossen nicht gefällt, dass Sie sich zu den Erfolgreichen zählen können.

Quertreibereien gibt es überall, auch Sie sind davon nicht ausgenommen. Sie müssen damit leben und ohne Vergeltungsmaßnahmen darüber hinwegkommen. Machen Sie sich klar, dass ekelhafte Leute mit sich selbst und ihren negativen Eigenschaften genug gestraft sind. Bei schwierigen Mitarbeitern nützt nur ein diplomatisches Verhalten, damit ein erträgliches Zusammenarbeiten gewährleistet ist.

Mit jüngeren Menschen kommen Sie gut zurecht. Die typischen Ratschläge der Erwachsenen sind hier allerdings unerwünscht. Nur mit sachlichem Verhalten und Herzlichkeit können Sie sich Aufmerksamkeit und Zuneigung erwarten.

Geschäftliche und berufliche Aspekte stehen bei allen Tanne-Leuten im Vordergrund. Im Monat August ist diese Tendenz besonders stark. Lassen Sie alles ruhig an sich herankommen und quälen Sie sich nicht mit Übereifer.

Tanne-Herren der ersten Dekade haben meist mit spontanen Reaktionen oder Einfällen wenig Glück. Man erwartet sie auch nicht. Zuverlässigkeit und überlegtes Vorgehen sind Ihre Stärken! Temperament wird bei Ihnen nicht erwartet.

Sofern immer der entschlossene, starke Mann gemimt wird, könnte sich im privaten Bereich mehr als einmal eine katastrophale Veränderung ergeben, die Sie um alle Chancen bringt.

Ihr Selbstvertrauen und Ihre innere Sicherheit sagen Ihnen stets, welcher Weg eingeschlagen werden sollte. Wann was und wo zu tun ist, ist nie ein Problem, das Sie nicht bewältigen würden.

Zählen Sie zu den Juli-Geborenen, sollten Sie sich hüten, ein Don-Juan-Verhalten an den Tag zu legen. Sie sind viel zu introvertiert, um eine solche Rolle glaubhaft zu spielen. Geben Sie einer erst am Anfang stehenden Beziehung besser den Nimbus einer Interessengemeinschaft. Alles Weitere ergibt sich dann automatisch, sofern es sich dabei um ein weibliches Wesen handelt, das Ihrer Veranlagung entspricht.

Ein Fehlgriff in der Partnerwahl ist für Tanne-Herren eine sehr schmerzliche Erfahrung. Lassen Sie Ihre sprichwörtliche Klugheit zum Zuge kommen, dann können solche Missgriffe vermieden werden.

In den letzten Wochen eines Jahres sind für Tanne-Leute keine besonderen Ereignisse vorgesehen. Ruhe, Erholung und ab und zu ein kleines Vergnügen sind genau das Richtige, um sie auf einen Jahreswechsel einzustimmen. Alles Private rückt damit in den Vordergrund. Tanne-Herren sind jetzt bereit, ihr Distanzverhalten abzulegen. Lassen Sie sich ruhig einmal dazu verführen, den Nächten mehr Bedeutung beizumessen.

Sie verfügen in den Wintermonaten über Vorzüge, die jeden, der an Ihnen interessiert ist, begeistern können. Ihr Selbstwertgefühl gewinnt an Qualität und Quantität. Es lohnt sich wirklich, diese Bevorzugung, die Sie aus planetarischen Energien zu erwarten haben, für das eigene Ich auszunützen.

Vor allem die Damen und Herren der ersten Dekade fühlen sich in fast allen Wintermonaten animiert, ihr Privatleben als das Wichtigste anzusehen. Doch nichts sollte nun auf Biegen und Brechen durchgesetzt werden. Positive Energien sind sehr überlegt einzusetzen, damit sie nicht vergeudet werden. Es kommt sehr auf den Partner an, welche von den vielen guten Eigenschaften, über die ein Tanne-Herr verfügt, nun am erfolgreichsten eingesetzt werden kann. Dasselbe gilt selbstverständlich auch für Tanne-Damen!

Vertrauen Sie Ihren Fähigkeiten und werten Sie Ihren angenehmen Umgangston nicht zu gering. Damit verfügen Sie über eine gute Basis, die zum Erfolg führt.

Vielleicht haben Sie auch einen Freundeskreis, dem Sie nun mehr Interesse zeigen sollten. Der gute Kontakt, der Sie mit diesen Menschen verbindet, ist Ihnen so viel wert wie Liebesangelegenheiten. Allgemein ist nicht zu befürchten, dass sich auch nur ein einziges Tanne-Geschöpf in einer isolierten Lage befindet, auch wenn die Wintersonne nur in sehr bescheidenem Maß Wärme und Energie verteilt.

# Konzentrierte Sonnenenergie für meinen Baum

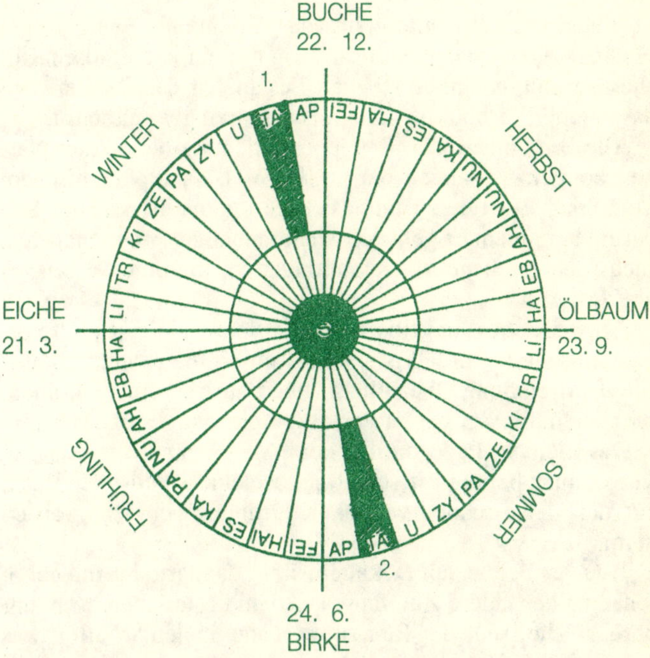


Der markierte schmale Abschnitt zeigt die Position Ihres Baumes innerhalb der vier Jahreszeiten an. Die zu diesem Zeitpunkt wirksame Sonnenenergie ist ein kosmischer Einfluss, durch den das Universum eine besonders enge Beziehung zur Erde und damit zu den an diesen Tagen geborenen Menschen herstellt.

Die einzelnen Baumfelder sind mit den Anfangsbuchstaben des betreffenden Baumes gekennzeichnet.

## Liebe und Partnerschaft

### 2.1. – 11. 1. Erste Dekade

Mit diesen Geburtsdaten läuft das Miteinander ganz ausgezeichnet, wenn sich eine Beziehung auf ein kameradschaftliches Verhältnis eingespielt hat. Distanz ist das Zauberwort, das in einer Verbindung mit Tanne-Leuten gut ankommt.

Alle Bindungen, die als Liebesbeziehung bezeichnet werden können, verlangen ein großes Maß an diplomatischem Verhalten. Bei Tannen muss sich besonders die Partnerseite darum bemühen. Es geht hier sicher nicht gut, wenn man versucht, gelegentliche Missstimmungen mit betonter Erotik zu überbrücken.

Zeitweise muss in kritischen Situationen ein Rückhalt vorhanden sein. Eventuell ist es die Familie, die partnerschaftliche Entfremdung überbrückt, aber auch Freunde können schmerzhafte Aspekte im Partnerbereich vergessen lassen.

Das Element Erde, das bei der ersten Dekade um schnelle Versöhnung bemüht ist, schafft jedoch eine grundsolide Basis, auf der vieles schnell wieder in Ordnung gebracht werden kann.

Treue ist bei beiden Dekaden, ob im Januar oder Juli geboren, eine besondere Zuteilung aus dem kosmischen Strahlenbereich. Die Treue der Tannen stellt alles in den Schatten, was unter diesem Begriff normalerweise verstanden wird. Diese Treue schenkt Vertrauen, schenkt auch versöhnliche Gedanken, wenn sich Unzufriedenheit breit machen will.

Das berufliche Interesse steht bei allen Januar-Tannen im Vordergrund. Man muss als Partner einer Januar-Tanne, ob Mann oder Frau, verstehen lernen, dass Geist und Seele, die Regenten für den Intellekt und für die Liebessehnsucht, sich hier die Waage halten.

## 5.7. – 14. 7. Zweite Dekade

Die Juli-Tanne kämpft im Bereich Liebe mit den gleichen Schwierigkeiten wie die erste Dekade. Besonders dann, wenn sie sich dem Beruf mit Haut und Haaren verpflichtet fühlt. Es muss sich jedoch nicht unbedingt nur um eine geliebte Tätigkeit handeln. Wenn eine gelegentliche Möglichkeit gutes Geld einbringt, wird sich die Aufmerksamkeit der Tanne auch dieser Sache total zuwenden.

Man wird aber mit Schwierigkeiten rechnen müssen, wenn die Gefühlswelt zweitrangig behandelt wird. Es hängt vom Partner ab, ob seine Zuneigung so stark ist, dass er mit dem Vorrang des Geldverdienens einverstanden ist. Vielfach sind es dann die guten Beziehungen oder auch Freundschaften, die Probleme überwinden helfen.

Üben Tanne-Leute einen freien Beruf aus, kann es möglich sein, dass eine Zusammenarbeit sich als äußerst profitabel erweist. Gleiche Interessen beruflicher Art ergeben in einer ehelichen Gemeinschaft mit Tanne-Geborenen hervorragende Grundlagen für eine harmonische Zweierbeziehung.

Vorsicht ist immer dann geboten, wenn ein Partner seine Tanne-Frau oder den Tanne-Mann gefühlsmäßig überfordert. Das betonte Distanzverhalten der Juli-Tanne kommt aus dem Urgrund der Seele. Häufig liegt es an einem schwachen Selbstbewusstsein, das nie so ausgeprägt ist, wie es den Anschein hat. Wie immer ist die Liebe ausschlaggebend dafür, inwieweit man die Eigenschaften des Partners akzeptieren kann.

# Harmonische Partnerschaften

**Tanne**

In der nachfolgenden Liste sind unter den Geburtsdaten der Tanne-Dekaden jeweils die Geburtstage eines möglichen Partners eingetragen.

Eine Partnerschaft innerhalb dieser Geburtsdaten verspricht ein angenehmes Miteinander. Man kann Verständnis füreinander aufbringen, auch wenn das Leben einmal nicht glatt verläuft oder unangenehme Zwischenfälle die Atmosphäre belasten. Es ist der Gleichklang des Grundverhaltens, der für Harmonie sorgt.

**Tanne – 1. Dekade, 2.1. – 11. 1.**

| | |
|---|---|
| Apfelbaum – 1. Dekade | 23. 12. – 1. 1. |
| Ulme – 1. Dekade | 12. 1. – 24. 1. |
| Trauerweide – 2. Dekade | 3. 9. – 12. 9. |
| Linde – 2. Dekade | 13. 9. – 22. 9. |
| Nussbaum – 1. Dekade | 21. 4. – 30. 4. |
| Kastanie – 1. Dekade | 15. 5. – 24. 5. |
| Buche | 22. 12. |

**Tanne – 2. Dekade, 5. 7. – 14. 7.**

| | |
|---|---|
| Apfelbaum – 2. Dekade | 25. 6. – 4. 7. |
| Tanne – 2. Dekade | 5. 7. – 14. 7. |
| Ulme – 2. Dekade | 15. 7. – 25. 7. |
| Trauerweide – 1. Dekade | 1. 3. – 10. 3. |
| Linde – 1. Dekade | 11. 3. – 20. 3. |
| Nussbaum – 2. Dekade | 24. 10. – 11. 11. |
| Kastanie – 2. Dekade | 12. 11. – 21. 11. |
| Eiche | 21. 3. |
| Birke | 24. 6. |

## Gesundheit

Die Tanne hat schon etwas mehr Sonnenenergie zur Verfügung als der Apfelbaum. Mit diesem Mehr an Sonnenintensität wird man allerdings recht deutlich mit den Realitäten des menschlichen Lebens konfrontiert. Man lebt intensiver, schneller und genusssüchtiger. Die Herzregion und alles, was mit ihr in Zusammenhang zu bringen ist, reagiert darauf mit kleineren, vielleicht auch größeren Beschwerden. Auch ohne ärztlichen Befund weiß man dann, dass die Rücksicht auf das eigene Wohlbefinden sträflich vernachlässigt wurde.

Tanne-Geborene sind klug genug, um zu wissen, dass sie Fehler gemacht haben, und bemühen sich umgehend um eine Änderung ihrer gewohnten Lebensweise. Sorglosigkeit ist das Letzte, was bei ihnen zu erwarten ist.

Erstes Gebot ist in vielen Fällen, dass die Stabilität des Kreislaufs gesichert ist. Durchwachte Nächte sowie ein Übermaß an zu üppigem Essen und Trinken ist auf jeden Fall zu vermeiden.

Auch das Älterwerden kann für Tanne-Leute zum Problem werden. Gewöhnen Sie sich dann ein diszipliniertes Verhalten an. Es ist eine Disziplin, die leicht zu bewerkstelligen ist: Sorgen Sie für tägliche Bewegung, und sollte es nur ein kleiner Spaziergang sein! Bleiben Sie nicht im Bett liegen, auch wenn Sie sich hier besonders wohl fühlen. Bemühen Sie sich um eine möglichst aufrechte Haltung und achten Sie auf eine altersgemäße Zusammenstellung der Ernährung.

# Ulme

*12. 1. – 24. 1.*
*15. 7. – 25. 7.*

## Allgemeines

Die Ulme gilt als Symbol der Kraft und Aktivität. So mancher, der im Symbolzeichen Ulme geboren wurde, konnte die Jahre 1998 und 1999 als Glanzzeit bezeichnen. Der mit dem Jahr 2001 beginnende Lebensabschnitt entspricht ziemlich genau der Verhaltensweise und der Wesensart der Ulme-Leute. Sie können damit rechnen, dass nun eine sagenhafte Aktivität beginnt, die es ermöglicht, schon im Herbst 2001 Erfolge im Berufsbereich zu verzeichnen. Die positiven Einflüsse sind nicht nur im Arbeitsbereich zu erwarten. Im Bereich der Familie und in Liebesbeziehungen hat die Ulme ebenfalls Glück!

Doch auch auf weniger begünstigte Zeitgenossen muss Rücksicht genommen werden. Ulme-Leute brauchen das Wohlwollen des näheren Umfelds. Ob damit ein Partner gemeint ist, Freunde oder die Familie, ist nicht von Bedeutung. Sympathie, die Ihnen deutlich gezeigt wird, ist ein ausgezeichnetes Fundament, auf dem Sie Ihre Fähigkeiten entwickeln können und das Ihnen auch materielles Glück einbringt.

Etwas unbeholfenen, schwerfälligen Leuten muss mehr Verständnis entgegengebracht werden. Dies fällt den Ulme-Herren genauso schwer wie den Ulme-Damen. Aber es ist häufig der Grund, weshalb sie im Berufsbereich abgelehnt werden oder in ihrem Privatleben vergeblich auf Zuneigung und Liebe hoffen.

Manche Situationen, heraufbeschworen von Problemen des ganz gewöhnlichen Alltags, mahnen zur Vorsicht. Insbesondere dann, wenn Sie sich mit einigen Berufskollegen überhaupt

nicht verstehen. Nachlässigkeit und mangelnde Rücksicht ergeben ein unerfreuliches Zusammenarbeiten.

Ulme-Leute können sehr unangenehm werden, wenn sie sich vernachlässigt fühlen oder keine Beachtung finden, auch wenn sie kaum dominantes Verhalten zeigen oder sich in den Vordergrund zu spielen versuchen. Man kann schon von ihrem Gesicht ablesen, dass sie ganz allgemein unzufrieden sind.

Zeitweise fühlen sich Ulme-Leute abhängig von der Stimmung und vom Verhalten des Umfeldes. Letztendlich bleibt dann doch die Erkenntnis, dass Fleiß und Ehrgeiz nicht allein für den Erfolg im Leben ausschlaggebend sind.

Eine gefühlsmäßig stark betonte Phase, die sich regelmäßig in den Monaten Juni und Juli ergibt, bringt stets Bewegung in das Liebesleben. In diesem Zeitraum sind gewisse Mondwerte äußerst intensiv, die eine besondere Anteilnahme im Bereich Liebe auslösen. Auch die Ulme-Herren sind damit angesprochen. Überlassen Sie sich dieser Tendenz. Schnell werden Sie feststellen, dass die gleichgültige Art mancher Leute nachzulassen beginnt. Wir alle sind schließlich von der Herzlichkeit und Freundlichkeit unserer Mitmenschen mehr oder weniger abhängig.

Die Monate Mai und Juni sind ebenso wie der Oktober für Sie meist recht erfreulich. In diesem Zeitraum sind Sie besonders aktiv. Lassen Sie sich dann nicht von zusätzlicher Arbeit erdrücken. Ihre Karten stehen so gut, dass sich alles in Ihrem Sinne entwickelt.

Gehen Sie überlegt und systematisch vor und gewähren Sie keinem Menschen Einblick in Ihr Innerstes, auch wenn er Ihnen sehr nahe steht.

Das Gefühl, von den Ereignissen überrollt zu werden, ist bei Ulme-Geborenen ohne Bedeutung. Meist ist es sowieso nur der Wichtigtuerei von Mitarbeitern zuzuschreiben, wie Sie ganz richtig feststellen!

Für Ulme-Leute, die ein öffentliches Amt bekleiden, kann

der Alltagstrott manchmal geradezu nervtötend sein. Fühlen Sie sich einmal total vom grauen Alltag vereinnahmt, dann sollten Sie in der Natur Erholung und Ablenkung suchen. Wenn Sie Glück haben, finden Sie dann auch noch eine Ulme. Stellen Sie sich ganz nahe an ihren Stamm und legen Sie die Arme um ihn. Sie werden bald spüren, wie Ihnen Ruhe und Frieden entgegenströmen, obwohl sich unter der Rinde ein äußerst lebendiges Leben abspielt.

Nehmen Sie die Kraft, die Sie hier gewinnen, mit nach Hause und vieles wird einfacher. Im besten Falle wird Sie vieles überhaupt nicht mehr berühren! Jederzeit kann dieser Trost von einem Baum vermittelt werden. Es muss auch nicht unbedingt eine Ulme sein. Und in jeden Lebensbereich wird etwas von dem Trost einfließen, den Sie hier mitbekommen.

Weltbewegende Ereignisse sind für Ulme-Leute kein Grund für Entrüstung oder übermäßige Begeisterung. So wird auch die heutige unruhige Zeit mit ihren Horrormeldungen keinen Eindruck auf sie machen. Es entspricht aber der Tendenz eines Ulme-Schicksals, dass gewisse Lebensabschnitte den Alltag mit Melancholie belasten. Man könnte fast von einem Zwang sprechen, der von kosmischen Energien ausgelöst wird.

Ist es jedoch Ihr persönliches Umfeld, das Ihnen die Stimmung verdirbt, denken Sie in einer stillen Stunde darüber nach. Sie werden bald einsehen, dass es purer Unsinn ist, sich von unqualifizierten Leuten die Laune verderben zu lassen. Distanzieren Sie sich und bleiben Sie alleine, wenn sich unangenehme Zeitgenossen störend verhalten.

Schöpferische Energie, die besonders den nachtgeborenen Ulme-Leuten zur Verfügung steht, ist am besten dazu geeignet, jede schlechte Laune zu vertreiben. Wenn Sie weder an Musik noch an einer anderen Kunst Gefallen finden, wenden Sie sich Ihrem Privatvergnügen zu, das Sie doch sicher haben werden. Auch Sport kann ein Blitzableiter sein, der etwaige Missstimmungen ausräumt.

Nicht zu vergessen sind Ihre Essgewohnheiten, die ein bisschen gepflegt werden sollten. Das schnelle Hinunterschlingen von lieblos belegten Brötchen ist nicht dazu geeignet, Ihr Wohlbefinden zu steigern. Dass es auch noch eine Zumutung für Ihren Magen und Ihren Verdauungsapparat ist, bedarf keiner besonderen Erwähnung.

Die Monate Juli und August gehören für Ulme-Leute zu den romantischsten. Erotisches Engagement ist gefragt und wird erwartet. Vorsicht ist nur dann zu empfehlen, wenn das Interesse sich auf ein ungeeignetes Objekt konzentriert. Ulme-Herren haben einen diffizilen Geschmack, so dass hier weniger Gefahr droht. Ulme-Damen sind in ihrer Wahl unbekümmerter. Es ist das Element Luft, das hier den Ton angibt. Luftig, leicht und unbeschwert erlebt man das Leben. Auch ein gelegentlicher Missgriff löst hier keine Panik aus.

Da die Ulme-Herren mit Beginn des Septembers in jedem Bereich eine gute Lebensphase zu erwarten haben, lässt sich vieles in Ordnung bringen, was in den Monaten zuvor verdorben wurde, auch ein Ausrutscher im erotischen Bereich.

Im Familienleben gibt es wenig Probleme. Zeigen Sie sich großzügig. Verstehen und akzeptieren Sie Schwächen und Fehler!

Doch behalten Sie Ihre innersten Gedanken für sich. Jeder lebt sein Leben alleine. Niemand, auch nicht ein geliebter Partner, hat Einblick in Ihren innersten Bereich. So ist es eigentlich ganz selbstverständlich, dass wirklicher Trost und wirkliches Verständnis nicht erwartet werden können. Sie sind alleine für sich eine Persönlichkeit und Ihnen stehen Energien zur Verfügung, die es ermöglichen, mit jedem kleinen und großen Unglück fertig zu werden. Pflegen Sie also dieses Ich, innen und außen! Zeigen Sie sich freundlich und ausgeglichen, das hilft Ihnen mehr als jeder Trost.

# Konzentrierte Sonnenenergie für meinen Baum

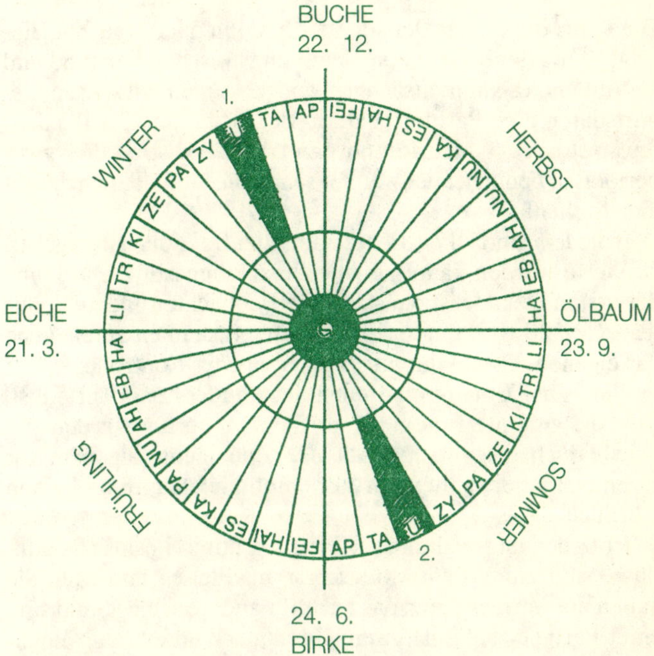


Der markierte schmale Abschnitt zeigt die Position Ihres Baumes innerhalb der vier Jahreszeiten an. Die zu diesem Zeitpunkt wirksame Sonnenenergie ist ein kosmischer Einfluss, durch den das Universum eine besonders enge Beziehung zur Erde und damit zu den an diesen Tagen geborenen Menschen herstellt.

Die einzelnen Baumfelder sind mit den Anfangsbuchstaben des betreffenden Baumes gekennzeichnet.

## Liebe und Partnerschaft

### 12.1. – 24. 1. Erste Dekade

Die Ulme der ersten Dekade ist, ob Mann oder Frau, ein Einzelgänger. Hier besteht eine Spannung zwischen Verstand und Gefühl und es kann tatsächlich sein, dass man mit diesen Geburtsdaten eine Partnerschaft, in der Liebe und Zärtlichkeit erwartet werden, als störend empfindet. Meist ist dies zwar periodisch bedingt, aber wer hat schon die Geduld, sich darauf einzustellen!

Trotzdem sind Ulme-Leute menschenfreundlich und geistige Werte werden kaum als überflüssig eingestuft. Die Ulme der ersten Dekade ist ein ständiger Beobachter und nicht nur dem Umfeld wird eine erhöhte Aufmerksamkeit zuteil, auch das eigene Ich steht unter ständiger eigener Kontrolle.

Wie es bei Januar-Geborenen nicht anders zu erwarten ist, wird die gesamte Energie, über die man verfügt, in den Arbeitsbereich geleitet. Das tut der Zuneigung, die man für einen einmal erwählten Partner empfindet, allerdings keinen Abbruch.

Trotz der ungewöhnlichen Prägung durch kosmische Einflüsse sind Ulme-Leute Menschen aus Fleisch und Blut. Sie haben ein warmes Herz, das auch für andere schlägt, und sind einer Partnerschaft, die ihrem Geschmack und ihren Neigungen entspricht, keineswegs abgeneigt. Man darf nur nicht erwarten, dass die Liebe hier Wunder vollbringt und aus einem erdverbundenen und erdgebundenen Menschen ein feuriges, temperamentgeladenes Wesen macht.

Ulme-Leute beider Dekaden sind zu gegebener Zeit ganz gewiss gefühlvoll, aber alles hat hier seine Grenzen. Man liebt den Austausch von Gefühlen, aber auf keinen Fall einen deutlich erkennbaren Besitzanspruch.

## 15. 7. – 25. 7. Zweite Dekade

Mit diesen Geburtsdaten zeichnet man sich durch eine deutlich erkennbare menschliche Wärme aus. Ein harmonisches Miteinander und ein gefühlvolles Verhalten, das auch Erotik nicht ausschließt, sind Voraussetzungen für jede Partnerschaft, die hier ins Auge gefasst wird.

Ein gewisser Gefühlsüberschwang dieser Ulmen sollte nicht überbewertet werden. Hier spielt sich alles in der Tiefe der Seele ab. Hat ein Partner Verständnis für gelegentliche Eigenarten im Gefühlsbereich, wird eine Partnerbeziehung niemals negativ enden.

Die Tendenz der Wesensart und der Verhaltensweise ist bei Ulme-Leuten der zweiten Dekade stets um eine Aufwärtsentwicklung bemüht. Die hier in der Tiefe der Seele ruhende Energie kann so dominierend sein, dass ein künstlerisches Talent davon besonders profitiert.

Partner mit der Neigung, eine Beziehung wichtiger als die eigene Persönlichkeit zu nehmen, sind hier fehl am Platze. Das eigene Ich aufzugeben kann zeitweise zwar ganz nett sein. Zeit seines Lebens sich selbst aufzugeben endet jedoch in absoluter Resignation oder in einer Katastrophe. Gelingt es, einen sachlichen Standpunkt einzunehmen, ist das die beste Lösung. Es gibt dann keine stürmischen Auseinandersetzungen und keine emotional gefärbten Vorurteile. Liebende Hingabe ist dann nicht gleichbedeutend mit Selbstaufgabe.

Die Lebensauffassung dieser Ulmen ist ernst, das Pflichtbewusstsein betont und Treue wird immer groß geschrieben!

# Harmonische Partnerschaften

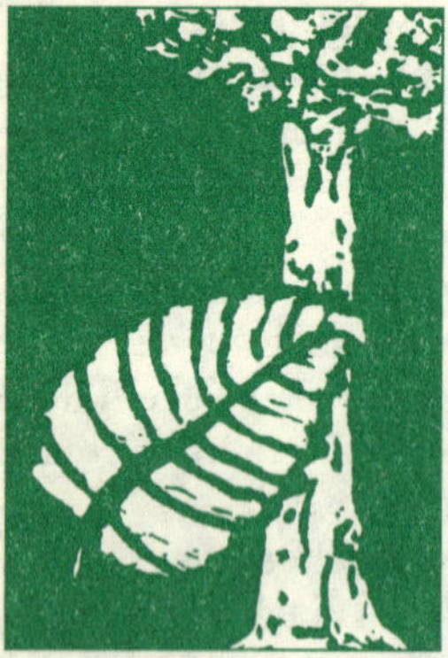

**Ulme**

In der nachfolgenden Liste sind unter den Geburtsdaten der Ulme-Dekaden jeweils die Geburtstage eines möglichen Partners eingetragen.

Eine Partnerschaft innerhalb dieser Geburtsdaten verspricht ein angenehmes Miteinander. Man kann Verständnis füreinander aufbringen, auch wenn das Leben einmal nicht glatt verläuft oder unangenehme Zwischenfälle die Atmosphäre belasten. Es ist der Gleichklang des Grundverhaltens, der für Harmonie sorgt.

**Ulme – 1. Dekade, 12.1. – 24.1.**

| | |
|---|---|
| Apfelbaum – 1. Dekade | 23. 12. – 1. 1. |
| Tanne – 1. Dekade | 2. 1. – 11. 1. |
| Kiefer – 2. Dekade | 24. 8. – 2. 9. |
| Trauerweide – 2. Dekade | 3. 9. – 12. 9. |
| Linde – 2. Dekade | 13. 9. – 22. 9. |
| Nussbaum – 1. Dekade | 21. 4. – 30. 4. |
| Kastanie – 1. Dekade | 15. 5. – 24. 5. |
| Buche | 22. 12. |

**Ulme – 2. Dekade, 15.7. – 25.7.**

| | |
|---|---|
| Apfelbaum – 2. Dekade | 25. 6. – 4. 7. |
| Tanne – 2. Dekade | 5. 7. – 14. 7. |
| Trauerweide – 1. Dekade | 1. 3. – 10. 3. |
| Linde – 1. Dekade | 11. 3. – 20. 3. |
| Nussbaum – 2. Dekade | 24. 10. – 11. 11. |
| Kastanie – 2. Dekade | 12. 11. – 21. 11. |
| Eiche | 21. 3. |
| Birke | 24. 6. |

## Gesundheit

Die Ulme ist das dritte Baumsymbol innerhalb der spezifischen Sonnenqualität des Jahres. Hier sind alle negativen Januarfaktoren wesentlich geringer als bei den Apfelbaum- und Tanne-Geborenen.

Die unerhörte Zähigkeit dieses Baumes teilt sich auch den Menschen mit, die unter diesem Baumsymbol geboren wurden. Hier kann sich die mitgegebene Lebensenergie meist selbst helfen, auch ohne jede Unterstützung von außen. Selbsthilfe heißt dabei vor allem, die erzkonservative Veranlagung als stabile Lebensbasis zu verstehen.

Man trägt die Härte des Winters, aber auch schon das Kommen des Frühlings in sich. Man befindet sich in einem gewissen Zwiespalt, der sich ab und zu auf drastische Weise Luft macht.

Häufig verfallen Ulme-Leute in eine Art Askese, die bei den Ulme-Damen in einen gewissen Schlankheitswahn ausarten kann.

Sind Schmerzen in den Knien und Fingergelenken zu spüren, ist das meist psychisch bedingt. Nicht nur deshalb sind stets warme Gegenden für einen Ferienaufenthalt ins Auge zu fassen.

Auch das Selbstbewusstsein sollte trainiert werden. Ein starkes Selbstbewusstsein lenkt die Aufmerksamkeit ganz automatisch auf das körperliche Wohlbefinden. Psychosomatisch bedingte Krankheitsbilder lösen sich damit ganz von selbst auf.

# ZYPRESSE

*25. 1. – 3. 2.*
*26. 7. – 4. 8.*

## Allgemeines

Zypresse-Leute haben im Leben so manchen Kampf zu bestehen, der Durchhaltevermögen verlangt. Gute Gelegenheiten sollten Sie deshalb nie ungenützt vorübergehen lassen. Besonders die erste Dekade kann mit Zufällen rechnen, die fast zwangsläufig zum Erfolg führen.

Ist Widerstand zu befürchten, kann von nahen oder entfernten Verwandten Hilfe erwartet werden. Es ist eine schicksalsbedingte Fügung, die sich im Leben der Zypresse-Leute in bestimmten Zeitabschnitten wiederholt. Zeichnet sich eine derartige Phase ab, heißt es, sich darauf vorzubereiten.

Auch bei härtestem Arbeitseinsatz sollte man sich um Zypresse-Leute keine Sorgen machen. Es dauert zwar meist eine ganze Weile, bis sie sich optimal auf ein neues Interessengebiet einstellen können, aber sie alle wissen: Gut Ding braucht Weile!

Steht Ihnen der Sinn nach Liebe, warten Sie mit Sonderwünschen, bis die Zeit dafür reif ist. Berufliche Interessen stehen bei beiden Dekaden im Vordergrund. Das muss berücksichtigt werden. Laden Sie sich weder im Beruf noch im Privatbereich ein zu großes Packet von Verpflichtungen auf!

Ausgezeichnet stehen die Chancen in den Herbstmonaten. Setzen Sie, wenn sich diese Aspekte zu Ihren Gunsten entwickeln, alle Ihnen zur Verfügung stehenden Kräfte ein. Ohne Ihre Initiative geht nämlich gar nichts, auch wenn sich günstige Chancen noch so nachhaltig bemerkbar machen.

Ein Schock aus der Vergangenheit sitzt den Zypressen lange in den Knochen, auch wenn die Leute, die ihn ausgelöst

haben, sich versöhnlich zeigen. Niemand kann es Ihnen verübeln, wenn Sie sich reserviert verhalten und auf Distanz gehen.

Bei völlig neuen Aufgaben ist Ihr Interesse immer hellwach. Einzelne Pluspunkte, einzelne Möglichkeiten sind vielleicht nicht sofort zu erkennen. Doch die Zeichen sind nicht zu übersehen, wenn sich eine Veränderung anbahnt.

Das Temperament der Sommerdekade (26. Juli bis 4. August) verursacht eine schwer erträgliche Ungeduld und ein Nichtabwartenkönnen. Lassen Sie trotzdem alles in Ruhe und ohne Nervosität an sich herankommen.

Ein entschlossenes Zugreifen braucht man beiden Dekaden nicht besonders zu empfehlen.

Werden Sie von Freunden oder Kollegen verunsichert, räumen Sie entschlossen jeden Zweifel aus Ihren Überlegungen aus. Sie wissen am besten, was Ihnen gelingen kann und was nicht.

Kommt irgendwann einmal Eifersucht auf, ist es immer der private Bereich, der damit aufwartet. Zypresse-Leute beider Dekaden verfügen zwar über eine wunderbare Selbstsicherheit, doch wenn die Liebe in das Geschehen eingreift, sind sie nicht mehr ganz so sicher.

Leider fehlt es der ersten Dekade bisweilen an Zartgefühl. Schlagen Sie keine Türen zu, die sich später nicht mehr öffnen lassen.

Besonders den im Januar geborenen Zypresse-Damen muss Besonnenheit ans Herz gelegt werden. Eine Rivalin oder Konkurrentin, die versucht, Sie auszubooten oder in eine peinliche Lage zu bringen, sollten Sie nicht als »Erzfeindin« betrachten. Sie darf Ihnen aber ruhig unsympathisch sein und Sie brauchen sie nicht in Ihr Herz zu schließen. Das ist, wenn diese Person auch nur ein bisschen Gefühl hat, Strafe genug.

Sehr zu empfehlen ist Zypresse-Leuten der ersten Dekade, ihre erzkonservative Einstellung abzulegen. Sie werden es dann im Leben viel leichter haben.

Überraschende Chancen ergeben sich in den Frühlingsmonaten, wenn Ihre Energie von der Sonne angeheizt wird. Sonnenenergie im Frühling ist eine Kraft, die sich auf das Geistes- und Seelenleben auswirkt. Können Sie Ihr ganzes Ich darauf einstellen, ergeben sich ganz automatisch Möglichkeiten, die Sie unter anderem auch dem großen Geld näher bringen.

Hochstimmung kann sich einstellen, wenn Sie sich völlig darüber im Klaren sind, dass Sie ganz allein über Ihr Leben bestimmen. Es gibt in Ihrer Umgebung immer wieder Leute, die bewusst eine Antipathie gegen die Vertreter der ersten Dekade demonstrieren. Dies sind Charaktere, die sich nur in einem völlig anders gearteten Feld wohl fühlen können. Grübeln Sie über derartige Probleme nicht nach. Zeigen Sie sich freundlich und liebenswert dort, wo Ihnen Sympathie entgegengebracht wird.

Zypresse-Leute beider Dekaden bringen auch das Unmögliche zustande, wenn ihr Naturell gefragt ist, wenn sie sich bestätigt fühlen. Darauf ist der Ruf begründet, der Zypressen immer begleitet: Man kann mit ihnen Pferde stehlen!

Ergibt sich eine Chance, Ihrem Leben eine völlig neue Richtung zu verleihen, müssen Sie vor allem selbst davon überzeugt sein, dass Sie sich voll darauf einstellen können. In ungewohnten Situationen sollten Sie darauf achten, dass Ihr Selbstbewusstsein erhalten bleibt. Dies ist für alle Zypressen von besonderer Wichtigkeit. Da Sie alle aus einem harten Holz geschnitzt sind, gelingt in manchen Fällen sogar das Unmögliche. Ihre gute Laune wirkt optimistisch. Ihre Zuversicht ist nicht zu überbieten, Freunde und Kollegen stellen sich auf Sie ein!

Setzen Sie Ihren angeborenen Charme ganz bewusst ein, um sich ins rechte Licht zu rücken. Ob es der Berufsbereich ist oder der private, zeigen Sie sich entgegenkommend und hilfsbereit. Es muss ja nicht zur täglichen Gewohnheit werden! So ab und zu positive Akzente zu setzen bringt Vorteile ein.

Gut versorgt mit Sympathie und mit einem bezaubernden

Lächeln, zeigt sich das Umfeld angenehm und Ihr seelisches Gleichgewicht bleibt erhalten.

Aufrichtige Begeisterung bei der beruflichen Arbeit kann man von den Winter-Zypressen immer erwarten. Den Sommer-Geborenen wird niemand einen Mangel an Begeisterung übel nehmen. Sie haben andere Qualitäten anzubieten! Sie glänzen im privaten Bereich mit besonderer Anteilnahme am Wohlergehen eines Partners.

Höhen und Tiefen von besonderer Intensität und anstrengender Art sind nicht zu erwarten. Legt jemand Wert auf mehr Engagement, hofft er vergebens. Am Arbeitsplatz hat dies mitunter Vorteile. Doch im Liebesleben wäre ein Mehr zu wünschen. Doch bemühen Sie sich nicht übertrieben, wenn ein Partner leidenschaftliches Verhalten erwartet. Es würde doch nur künstlich und gespielt wirken.

Finanzielle Aufbesserungen sind für Zypressen meist in den ersten Herbstmonaten zu erwarten. Der Herbst ist die Jahreszeit, in der sie sich am wohlsten fühlen und bester Laune sind. Die logische Folgerung: Man findet sie geradezu bezaubernd und verhält sich dementsprechend.

Ab und zu ist es Zypresse-Leuten beider Dekaden möglich, sich sehr erfolgreich um eine eigene Existenz zu bemühen. Lässt sich ein derartiges Vorhaben nur schwer durchführen oder ist es mit tausend Hindernissen belastet, dann lassen Sie die Finger davon. Völlig ungewohnte Prozesse, die dann auch noch voller Klippen sind, belasten nur das psychische und physische Wohlbefinden.

Was die Liebe betrifft, so ist auch hier der Herbst die beste Jahreszeit, um Phantasie zu entwickeln. Phantasie weckt den Geist und ohne Geist wird jede Liebesbeziehung langweilig und fad. Feiern Sie Ihre Liebesfeste, wie sie fallen; damit entfällt jedes Programmieren, jede gewollte Inszenierung.

Versuchen Sie nach Möglichkeit, das Distanzverhalten zu reduzieren, das der ersten Dekade angeboren ist. Man liebt keine Freunde, die sich verhalten, als wären sie der liebe Gott!

# Konzentrierte Sonnenenergie für meinen Baum

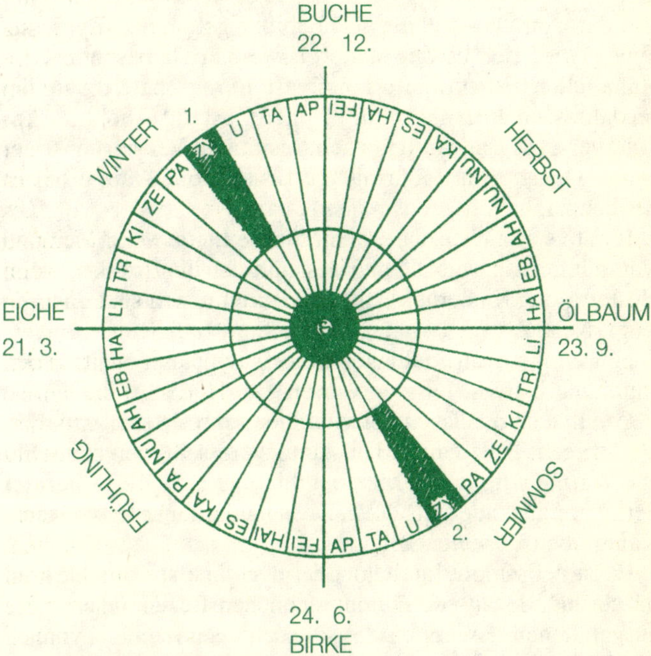


Der markierte schmale Abschnitt zeigt die Position Ihres Baumes innerhalb der vier Jahreszeiten an. Die zu diesem Zeitpunkt wirksame Sonnenenergie ist ein kosmischer Einfluss, durch den das Universum eine besonders enge Beziehung zur Erde und damit zu den an diesen Tagen geborenen Menschen herstellt.

Die einzelnen Baumfelder sind mit den Anfangsbuchstaben des betreffenden Baumes gekennzeichnet.

## Liebe und Partnerschaft

### 25. 1. – 3. 2. Erste Dekade

Bei den vom 25. Januar bis 3. Februar geborenen Zypresse-Typen wird der betont starke Erwerbstrieb besonders ins Auge fallen. Es ist die frühlingshafte Bereitschaft, die in dieser Jahreszeit auch die Natur in einen Zustand erhöhter Aktivität versetzt. Das Streben nach Besitz und Vermögen ist der ersten Dekade ein Bedürfnis, das bis ins hohe Alter erhalten bleiben kann.

Es ist verständlich, dass damit für die Liebe wenig Zeit und wenig Interesse bleibt. Zumindest hält sich die Erotik stark im Hintergrund. Kameradschaftliche Beziehungen sind eher gefragt. Kein Zypresse-Mann lässt sich aus der Ruhe bringen, auch wenn sich ungeduldige Partnerinnen damit nicht einverstanden erklären.

Gefühle sind belastend, besonders wenn sie sich im Übermaß zeigen. Trotzdem ist bei allen Zypresse-Typen menschliche Wärme vorhanden. Man hat mit einem Zypresse-Partner der ersten Dekade stets einen zuverlässigen und hilfsbereiten Kameraden an seiner Seite.

Es ist der scharfe Intellekt, über den die erste Dekade häufig verfügt, der in zwischenmenschlichen Beziehungen keine ausgefallenen Exzesse zulässt. Auch wenn eine Zypresse glaubt, in einer Beziehung das Glück der Liebe gefunden zu haben, vollzieht sich ihre Partnerschaft nicht im Himmel der Gefühle und der Zuneigung. Sie trägt die Liebe in der Tiefe ihrer Seele und das genügt ihr.

Alle Zypressen bewegen sich außerdem nur zu gerne in einem großen Freundeskreis und da sie sich alle eine interessante Note zulegen, kommen sie überall gut an.

Mit einem Wort: Zypresse-Geborene sind faszinierende Menschen, ob es sich bei ihnen nun um eine Dame oder einen Herrn handelt!

## 26. 7. – 4. 8. Zweite Dekade

Zypresse-Leute der zweiten Dekade haben ein feines Gespür für positive und negative Strömungen. Sie irren sich selten bei der Wahl eines Partners oder einer Partnerin. Ihre ichbetonte Einstellung wird niemals von einem ungeeigneten Partner in Frage gestellt.

Alle mit den Geburtsdaten vom 26. Juli bis zum 4. August werden, wenn ein verlässlicher Partner zur Seite steht, alle Kräfte einsetzen, um ein harmonisches Miteinander zu gestalten und aufrechtzuerhalten.

Die zweite Dekade kann sehr gefühlsbetont sein. Trotzdem ist der Verstand auch hier die Nummer eins. Es muss aber nicht immer alles nach dem eigenen Kopf gehen, wenn die Gegenseite gute oder sogar außergewöhnliche Ideen parat hat.

Ein Partner, ob Ehegattin oder Ehegatte, wird meist als persönliches Eigentum angesehen. Der Lohn dafür sind aufrichtige Liebe und eine stets zur Verfügung stehende Unterstützung.

Auch wenn dem Verstand mehr vertraut wird als den Gefühlen, kann man als Zypresse das Interesse am Beruf mit der Hingabe an eine Partnerschaft recht gut koordinieren.

Manchmal ist das Verhalten der zweiten Dekade recht rätselhaft. Möglicherweise zeigt man eine ironische Ausdrucksweise, die nicht von jedem Partner vertragen wird. Vielleicht steckt dahinter das Bedürfnis, seine Gefühle zu tarnen, um nicht als liebestoll zu gelten.

Es ist sicher nicht ganz einfach, mit den etwas kompliziert angelegten Zypressen der zweiten Dekade gut zurechtzukommen. Doch ein Partner mit dem Naturell der September- oder Oktobergeborenen hat damit keine Schwierigkeiten.

# Harmonische Partnerschaften

**Zypresse**
In der nachfolgenden Liste sind unter den Geburtsdaten der Zypresse-Dekaden jeweils die Geburtstage eines möglichen Partners eingetragen.
Eine Partnerschaft innerhalb dieser Geburtsdaten verspricht ein angenehmes Miteinander. Man kann Verständnis füreinander aufbringen, auch wenn das Leben einmal nicht glatt verläuft oder unangenehme Zwischenfälle die Atmosphäre belasten. Es ist der Gleichklang des Grundverhaltens, der für Harmonie sorgt.

**Zypresse – 1. Dekade, 25. 1. – 3. 2.**

| | |
|---|---|
| Pappel – 1. Dekade | 4. 2. – 8. 2. |
| Zeder – 1. Dekade | 9. 2. – 18. 2. |
| Kiefer – 1. Dekade | 19. 2. – 29. 2. |
| Haselnuss – 2. Dekade | 24. 9. – 3. 10. |
| Eberesche – 2. Dekade | 4. 10. – 13. 10. |
| Ahorn – 2. Dekade | 14. 10. – 23. 10. |
| Hainbuche – 1. Dekade | 4. 6. – 13. 6. |
| Feigenbaum – 1. Dekade | 14. 6. – 23. 6. |
| Ölbaum | 23. 9. |

**Zypresse – 2. Dekade, 26. 7. – 4. 8.**

| | |
|---|---|
| Pappel – 3. Dekade | 5. 8. – 13. 8. |
| Zeder – 2. Dekade | 14. 8. – 23. 8. |
| Haselnuss – 1. Dekade | 22. 3. – 31. 3. |
| Eberesche – 2. Dekade | 4. 10. – 13. 10. |
| Ahorn – 1. Dekade | 11. 4. – 20. 4. |
| Hainbuche – 2. Dekade | 2. 12. – 11. 12. |
| Feigenbaum – 2. Dekade | 12. 12. – 21. 12. |

# Gesundheit

Es können sich gewisse Schwierigkeiten in Ihrem Wohlbefinden ergeben, sollte Sie der Umgang mit nahe stehenden Leuten plötzlich in Unruhe versetzen. Verzichten Sie dann auf die Gesellschaft dieser Menschen, auch wenn Sie sich bisher damit recht wohl gefühlt haben. Es handelt sich meist um dunkle, rätselhafte Aspekte, die sich urplötzlich bemerkbar machen und die Ihrem Naturell absolut zuwider sind.

Wo immer Ihre Schwierigkeiten ihre Ursache haben, plötzlich auftretende Symptome im physischen Bereich sollten nicht auf die leichte Schulter genommen werden. Das Wichtigste ist zunächst, die eigentliche Ursache zu ergründen. Was Ihnen allerdings erhebliche Schwierigkeiten bereiten könnte! Gezielte Maßnahmen sind unerlässlich, wenn sich Beschwerden in den anfälligen Bereichen der Zypresse-Geborenen (Drüsenfunktion, Krampfzustände) bemerkbar gemacht haben.

Ärger, der Ihnen bereitet wird oder den Sie sich aufbürden, darf keine Gelegenheit mehr bekommen, Ihr seelisches Gleichgewicht zu stören.

Werden Sie von eifersüchtigen Gefühlen überfallen, ist Nachsicht ein ausgezeichnetes Mittel, um die eigene Seele zu beruhigen oder zumindest nicht weiter aufzuregen. Nachsicht, ob berechtigt oder nicht, kann sich wie Balsam auf Ihre Seele auswirken. Damit finden Sie wieder Ihr inneres Gleichgewicht, das das Leben der Zypresse normalerweise so ausgezeichnet in Gang hält. Oft genügt schon ein kleiner Impuls, um wieder eine stabile Basis zu finden.

# Pappel

*4. 2. – 8. 2.*
*1. 5. – 14. 5.*
*5. 8. – 13. 8.*

## Allgemeines

Pappel-Geborene sind wahre Lebenskünstler. Immer wieder ergeben sich in ihrem Leben Gelegenheiten, die Rosinen aus dem Lebenskuchen zu picken. Der Beruf stellt sich dafür an erster Stelle zur Verfügung. Auch wenn sie im Einzelfall der Bosheit und dem Neid der Mitmenschen ausgeliefert sind, zeigen sie sich liebenswürdig und charmant, wie man das bei ihnen gewöhnt ist. Eine besondere Zuwendung von Energien aus dem Universum sorgt vor allem bei der zweiten Dekade für einen Schutzmantel, mit dem man auch durch besonders turbulente Tage kommt.

Einige der ganz Großen unserer Weltgeschichte standen unter dem Zeichen der Pappel. Sie waren mit ihren charakteristischen Energien so ausgezeichnet versorgt, dass sich die angeborenen Fähigkeiten und Talente ungehindert entwickeln konnten, so dass sie zu sagenhafter Berühmtheit gelangten. Leicht hatte es kein Einziger von ihnen. Nur der unerschütterliche Glaube an den Erfolg half ihnen über die vielen Schwierigkeiten und Widerwärtigkeiten hinweg. Sie alle wussten: Es gibt keinen Sieg ohne Kampf.

Damit steht auch das Wort »Bemühung« schon in den Geburtsdaten. Dieser Qualität versprechende Aspekt steht der ersten und der dritten Dekade in fast allen Lebensabschnitten zur Verfügung, wenn sie sich um herausragende Erfolge oder großes Ansehen bemühen.

Äußerst kritische Konfrontationen im Privatbereich stehen

damit auf der Tagesordnung. Doch wer erwartet schon von einem großen oder kleinen Genie, dass das Privatleben wichtig genommen wird?

Können Pappel-Leute ihre Talente auch noch mit einer Wesensart verbinden, die zuvorkommend und herzlich ist, kommt man ihnen mit offenen Armen entgegen. Diese günstige Tendenz zeigt sich auch im Bereich Finanzen.

Ein Wechsel am Arbeitsplatz oder eine völlig anders geartete Tätigkeit kann für die erste und dritte Dekade recht vielversprechend sein.

Jede Erfahrung, die sich im Arbeitsbereich ergibt, ist von Treue und Beständigkeit geprägt. Jede Abmachung, ob schriftlich oder mündlich, ist von der überzeugenden Zuverlässigkeit, die das Baumsymbol Pappel vermittelt.

Nur wenn Übereifer oder zu große Begeisterung aufkommt, ist Vorsicht geboten. Von der Veranlagung her ist man zwar robust, aber jeder Übereifer löst Reizbarkeit und eine nervöse Unruhe aus, die letztendlich vieles in Frage stellt.

Äußerst günstig sind für die zweite Dekade stets die Januarwochen. Hier ist eine kosmische Kraft am Wirken, die die Veranlagung des Pappel-Naturells positiv verstärkt.

Finanzielle Probleme lösen sich bei Pappel-Leuten meist in verhältnismäßig kurzer Zeit auf. Sie sind mit einer absolut realistischen Lebenseinstellung gesegnet. Wenn wirtschaftliche oder Alltagsprobleme zu bewältigen sind, können sich Pappeln zu wahren Meistern entwickeln. Da jedoch Pappeln kaum jemals aus dem Vollen schöpfen können, sind sie mit sich und der Welt zufrieden, auch wenn Sparsamkeit angesagt ist.

Haben Pappel-Leute der dritten Dekade die Chance, sich mit dem Thema Liebe zu befassen, leisten Selbstvertrauen und Selbstbewusstsein gute Dienste.

Die Phasen des Frühlings sind für alle drei Pappel-Dekaden mit einer Aufwärtsentwicklung verbunden. Dies ist im Privatbereich ebenso gegeben wie im Beruf. Den weitaus größten Anteil daran haben die Monate März und April.

Auch für lernbegierige, studienbesessene Pappel-Leute wird dann der Privatbereich endlich interessant. Sie alle stellen fest, dass Liebe in jedes menschliche Leben gehört. Nur mit beruflichen Aufgaben alleine wird auch eine Pappel nicht glücklich.

Verpassen Sie also das Vorrecht dieser Jahreszeit nicht, wenn Liebe, Zuneigung und vielleicht auch Erotik an Bedeutung gewinnen. Ein Frühling mit seinen Begleiterscheinungen kann nicht einfach ignoriert werden. Auch die lieben Mitmenschen sehen jetzt unternehmungslustiger aus. Ein aufgeschlossenes Verhalten, ein nettes Lächeln hie und da, das alles sind Voraussetzungen, die den Alltag freundlicher machen. Und wenn auch in der Großstadt der Frühling optisch nicht so leicht wahrzunehmen ist, so werden doch aufmerksame Augen die vielen Blüten in Lila, Weiß und Gelb kaum übersehen, die die Natur zu dieser Jahreszeit bietet. Zeigt sich dann auch noch die Familie bester Laune, ist es nicht schwer einzusehen, dass das berufliche Bemühen seine Grenzen haben muss.

Pappel-Damen sehen in den Frühlingsmonaten eine passende Gelegenheit, sich mit Heiratsgedanken auseinander zu setzen. Nur zu gerne werden feste Termine ins Auge gefasst.

Energiezuwachs ist in den Sommermonaten zu erwarten. Damit sind Entwicklungsmöglichkeiten besonderer Art vorprogrammiert. Es ergeben sich für den Privatbereich hervorragende Pluspunkte. Lassen Sie derartige Chancen nicht aus den Augen. Es könnten sich Träume erfüllen, die eigentlich in das Reich der Utopie gehören.

Greift der graue Alltag wieder auf Ihr Leben zu und damit auch die Ernüchterung, sollten Sie darüber nicht traurig sein. Allzu schnell wird bei Pappel-Leuten der Optimismus geknickt. Damit geht auch das angeborene dynamische Verhalten unter. Ihr beinahe manisches Verlangen nach Erfolg und

Anerkennung wird dann notgedrungen zurückgeschraubt. Das löst häufig ein physisches Unbehagen aus, das von vielen Pappel-Leuten als Krankheitssymptom betrachtet wird.

Beruhigung ist zu erwarten, wenn der Sommer die ganze ihm zur Verfügung stehende Energie auf die Erde und ihre Bewohner verströmt. Das Glück, das der Menschheit so viel bedeutet, wird dann auch von Pappeln in ganzem Umfang erfahren.

Materiell lässt sich in diesen Monaten viel erreichen. Auch eine schöpferische Phase ist angezeigt. Impulse fördern künstlerische Ambitionen. Ergeben sich in diesem Zusammenhang materielle Erfolgserlebnisse, könnte das einen Durchbruch herbeiführen, der weitere Entwicklungen im Bereich Kunst ermöglicht.

Vergessen Sie an schönen Sommertagen nicht, die Gesellschaft sympathischer, fröhlicher Menschen zu suchen. Lachen kann eine überaus befreiende Wirkung haben. Sie werden sich wundern, wie gut es auch Ihnen bekommt.

Überraschungen, die der beginnende Herbst bringt oder zumindest vorbereitet, sind mit einem Ziel in Zusammenhang zu bringen, das Ihre Aufmerksamkeit dem Bereich Liebe, Partnerschaft und besonders der Erotik zuwendet.

Vor allem nachtgeborene Pappeln (6 Uhr abends bis 6 Uhr morgens) sind zutiefst von ihrer Einmaligkeit überzeugt. Sie sind mit bester Laune und einem durch nichts zu erschütternden Selbstvertrauen versorgt.

Ein Pappel-Typus hat die Gabe, im entscheidenden Augenblick den richtigen Hebel zu bewegen. Bahnt sich nach dieser Initiative eine Entscheidung an, sollte nicht spontan gehandelt werden. Es entspricht nicht dem Temperament der Pappel, die Zügel aus der Hand zu geben. Besonders im fortgeschrittenen Alter ist sie nur in Einzelfällen dazu bereit, sich mit Begeisterung führen zu lassen.

Über Langeweile können sich Pappel-Leute in ihrem

Leben nie beklagen. Sie alle sind stark von Mondwerten abhängig. Die Wandlungsfähigkeit des Mondes – und das betrifft nicht nur seine Licht- und Schattenseiten, sondern auch seine sich in kurzer Zeit verändernde Stellung innerhalb der Tierkreiszeichen - ist sicher das bemerkenswerteste Thema im Leben der Pappeln aller drei Dekaden.

Phantasie ist das Leitbild für die Geburtsdaten 1. bis 14. Mai und 5. bis 13. August. Ein abwechslungsreiches Leben ohne Langeweile ist damit gewährleistet.

# Konzentrierte Sonnenenergie für meinen Baum

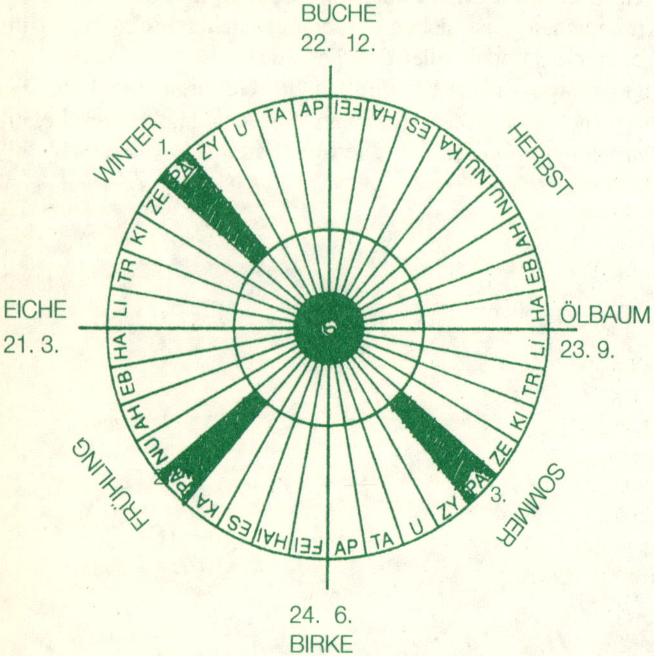


Der markierte schmale Abschnitt zeigt die Position Ihres Baumes innerhalb der vier Jahreszeiten an. Die zu diesem Zeitpunkt wirksame Sonnenenergie ist ein kosmischer Einfluss, durch den das Universum eine besonders enge Beziehung zur Erde und damit zu den an diesen Tagen geborenen Menschen herstellt.

Die einzelnen Baumfelder sind mit den Anfangsbuchstaben des betreffenden Baumes gekennzeichnet.

# Liebe und Partnerschaft

## 4.2. – 8. 2. Erste Dekade

Pappel-Geborene der ersten Dekade haben ein großes Freiheitsbedürfnis, das zur Rebellion führen kann, wenn ein Partner dafür kein Verständnis zeigt. Es ist durchaus möglich, dass dieser Pappel-Typus aus reiner Unvernunft Neues ausprobiert. Auch eine gut funktionierende Beziehung ist davor nicht sicher.

Doch er ist auch klug genug, um schnell einzusehen, dass Derartiges keinem Partner zugemutet werden kann. Menschliche Wärme und Herzlichkeit bringen ihn schnell wieder auf den richtigen Weg.

Die Neigung, sich mit Psychologie und Philosophie zu beschäftigen, ist ein Plus, das sich in jeder Beziehung positiv auswirkt.

Arbeit und die Auseinandersetzung mit ernsthaften Dingen – auch in den Mußestunden – sind der ersten Dekade ein elementares Bedürfnis.

An einem großen Freundeskreis dagegen ist ihr wenig gelegen. Eine aufrichtige Liebesbeziehung ist hier Voraussetzung für ein dauerhaftes, ruhiges Glück.

Ruhig – das ist für jede Pappel das Schlüsselwort, das ihr in einer Partnerschaft zusagt. Die dynamische Kraft, die der Pappel beruflich stets zur Verfügung steht, sollte in einer Liebesverbindung möglichst nicht in Erscheinung treten. Sie sollten versuchen, diese Energie auf ein Minimum zu reduzieren, wenn sie sich im Privatbereich zu offensichtlich zeigt. Mit etwas Diplomatie und ein bisschen Einfühlungsvermögen ist das sicher zu bewerkstelligen.

Der Wunsch nach einem problemlosen Miteinander ist oft sehr groß. Man wird sich als Pappel der ersten Dekade etwas einfallen lassen müssen, um in einer Partnerschaft gut über die Runden zu kommen.

## 1.5. – 14.5. Zweite Dekade

Hier ist die Initiative ganz auf die Lebenssicherung ausgerichtet. Trotzdem kann man nicht sagen, eine Mai-Pappel sei berechnend und nur an der Besitzerweiterung interessiert. Sicher – hier wird gerechnet, berechnet und sorgfältig geplant. Doch eine dauerhafte Partnerschaft, die ein Leben lang Bestand haben soll, verlangt eben auch nach einer stabilen Basis, die damit garantiert ist.

Die Mai-Pappel hat mit ihrem Fleiß und Eifer meist nur eines im Auge: der gemeinsamen Zukunft ein sicheres Fundament zu schaffen. Ein Liebespartner wird diesen Übereifer im Besitzstreben sicher akzeptieren, auch wenn er sich – so ab und zu – einen weniger arbeitsamen Partner wünschen würde. Denn Liebe will ja auch gehegt und gepflegt werden. Doch dafür hat die Mai-Pappel sehr wenig Zeit. Der berufliche Einsatz wird niemals den privaten Wünschen geopfert.

Zu oberflächlichen Vergnügungen kann man diesen Pappel-Typus niemals überreden. Allenfalls zeigt er sich als extrem sportlich. Ein kluger Partner wird da mitmachen oder die diversen Sportbetätigungen wenigstens begeistert gutheißen!

Eifersucht kann die Pappel der zweiten Dekade ziemlich auf die Palme bringen. Sofort zeigen sich Misstrauen und eine extreme Zurückhaltung.

Obwohl man einer Trennung nur in den seltensten Fällen zustimmt, wird ein Auseinandergehen doch befürwortet, wenn der Schmerz und die Enttäuschung über eine Unaufrichtigkeit des Partners oder der Partnerin zu stark und zu nachhaltig sind. Ob Pappel-Frau oder -Mann, im Innersten ist man extrem gefühlvoll, auch wenn man dies nie und nimmer eingestehen würde.

## 5. 8. – 13. 8. Dritte Dekade

Dieser Pappel-Typus ist nicht zu übersehen. Sollte dies doch einmal der Fall sein, ist eine August-Pappel schnell bereit, sich mit einer gekonnten Selbstinszenierung in das Licht der allgemeinen Bewunderung und Anerkennung zu stellen. Liebenswürdig und jede Situation voll beherrschend, ist sich die Pappel ihrer dominierenden Persönlichkeit voll bewusst.

Die Liebe spielt in diesem Pappel-Leben eine besondere Rolle. Man zählt die August-Pappel zu den Gebenden im Bereich Liebe. Dies beruht aber häufig auf einer übermäßig positiven Selbsteinschätzung. Es ist kein Wunder, dass damit eine instinktsichere Partnerwahl erschwert wird.

Gehört man jedoch zu den schöpferisch begabten Pappel-Leuten, werden Liebe und Freundschaft zu einer ernst zu nehmenden Sache. Die Gefühle einer August-Pappel sind, wenn künstlerisches Empfinden vorhanden ist, echt, tief und stabil. Dies sind optimale Voraussetzungen für eine Zweierbeziehung, die Bestand haben soll und in der beide Partner zufrieden werden können.

Ist eine Trennung von einem Partner jedoch nicht zu umgehen, so wird sie ohne Wenn und Aber durchgezogen, und sollte sie noch so schmerzlich sein.

Die Pappel der dritten Dekade wird sich immer durchsetzen. Ihre angeborene Energie wird sich stets bewähren. Ihr natürliches Selbstbewusstsein führt sie durch Schicksalsschläge hindurch, ohne dass diese besondere Spuren hinterlassen.

Die bei Nachtgeborenen ab und zu auftretende Lethargie macht sich auch im Bereich der Liebe bemerkbar. Man empfindet dieses periodische Fehlen jeder Initiative als unangenehm, tröstet sich jedoch schnell damit, dass dies unabänderlich ist.

# Harmonische Partnerschaften

**Pappel**

In der nachfolgenden Liste sind unter den Geburtsdaten der Pappel-Dekaden jeweils die Geburtstage eines möglichen Partners eingetragen. Eine Partnerschaft innerhalb dieser Geburtsdaten verspricht ein angenehmes Miteinander. Man kann Verständnis füreinander aufbringen, auch wenn das Leben einmal nicht glatt verläuft oder unangenehme Zwischenfälle die Atmosphäre belasten. Es ist der Gleichklang des Grundverhaltens, der für Harmonie sorgt.

**Pappel – 1. Dekade, 4. 2. – 8. 2.**

| | |
|---|---|
| Zypresse – 1. Dekade | 25. 1. – 3. 2. |
| Kiefer – 1. Dekade | 19. 2. – 29. 2. |
| Haselnuss – 2. Dekade | 24. 9. – 3. 10. |
| Esche – 1. Dekade | 25. 5. – 3. 6. |

**Pappel – 2. Dekade, 1. 5. – 14. 5.**

| | |
|---|---|
| Apfelbaum – 1. Dekade | 23. 12. – 1. 1. |
| Tanne – 1. Dekade | 2. 1. – 11. 1. |
| Ulme – 1. Dekade | 12. 1. – 24. 1. |
| Kiefer – 2. Dekade | 24. 8. – 2. 9. |
| Trauerweide – 2. Dekade | 3. 9. – 12. 9. |
| Kastanie – 1. Dekade | 15. 5. – 24. 5. |
| Buche | 22. 12. |

**Pappel – 3. Dekade, 5. 8. – 13. 8.**

| | |
|---|---|
| Zypresse – 2. Dekade | 26. 7. – 4. 8. |
| Haselnuss – 2. Dekade | 24. 9. – 3. 10. |
| Eberesche – 2. Dekade | 4. 10. – 13. 10. |
| Ahorn – 1. Dekade | 11. 4. – 20. 4. |
| Esche – 2. Dekade | 22. 11. – 1. 12. |
| Hainbuche – 1. Dekade | 4. 6. – 13. 6. |
| Feigenbaum – 2. Dekade | 12. 12. – 21. 12. |

## Gesundheit

Pappeln werden von allen Baumarten am stärksten vom Tageslicht und den Schatten der Nacht beeinflusst. Tag und Nacht, durch die Rotation der Erde ausgelöst, haben einen sehr unterschiedlichen Rhythmus. Das zeigt sich auch in den gravierenden Unterschieden der tag- und der nachtgeborenen Pappel-Leute.

Dieser Unterschied zeigt sich vor allem in einer großen Empfindlichkeit der Seele, die den Nachtgeborenen physische Beschwerden einbringen kann. Falsches oder unbedachtes Handeln kann bei Nachtgeborenen Schädigungen auslösen, die sich meist im Lendenwirbelbereich zeigen und recht schmerzhaft sein können.

Die Taggeburt dagegen macht hellwach und hat nichts mit romantischen Gefühlen im Sinn. Was den Taggeborenen in die Wiege gelegt wird, sind Anpassungsfähigkeit und eine besondere Beweglichkeit.

Nicht zu übersehen wäre, dass sich taggeborene Pappeln meist viel zu viel zumuten. Dieser enorme Kraftverbrauch wirkt sich schädigend auf den gesamten Skelettbereich aus. Ruhepausen und ausreichend Schlaf sind unerlässlich! Der gesamte Bewegungsapparat sollte in ein vorsichtiges Trainingsprogramm eingebunden werden.

Haben Sie einen befriedigenden Beruf, wird damit eine Lebensenergie in Bewegung gebracht, die sich kaum einmal restlos aufbraucht. Es wäre Ihnen jedoch ans Herz zu legen, nicht zu viel auf die Ratschläge anderer Leute einzugehen.

# Zeder

*9. 2. – 18. 2.*
*14. 8. – 23. 8.*

## Allgemeines

Im August geborene Zeder-Leute lieben es, einen ganzen Kreis von Menschen um sich zu haben. Umgeben von Gleichgesinnten, fühlen sie sich wohl. In solch gelöster Atmosphäre können sogar Talente entdeckt oder außergewöhnliche Beschäftigungen interessant werden. Ist die August-Zeder auf sich alleine gestellt, sind weder Freunde noch Kollegen bereit, Gesellschaft zu leisten, so wird sie zwar noch lange nicht zu einem Sonderling, doch ihre Initiative und ihre Kreativität bleiben leicht auf der Strecke.

Ein starkes geistiges Engagement ist bei beiden Dekaden unverkennbar. Auch die Phantasie kann die wunderlichsten Blüten treiben. Das macht Zedern für eine künstlerische Nebenbeschäftigung sehr geeignet.

Haben eine Zeder-Dame oder ein Zeder-Herr einmal ihr künstlerisches Talent entdeckt, sind sie in ihrem Tatendrang nicht aufzuhalten. Vorbereitungen, sich der Musik, vielleicht auch der Malerei zu widmen, werden geradezu professionell betrieben. Der Wunsch, mit einem derartigen Hobby Anerkennung zu finden, macht Zeder-Geborene auch noch in ihrer Freizeit zu Strebernaturen.

Die Bestätigung, als äußerst begabt zu gelten, ist leicht zu erreichen. Sie sind nämlich tatsächlich künstlerisch talentiert und machen dafür auch noch reichlich Reklame. Damit ist es ganz selbstverständlich, dass sie ihr Vertrauen jedem schenken, der sich an ihren künstlerischen Bemühungen interessiert zeigt.

Aktivieren Sie Ihr Selbstbewusstsein. Zeigen Sie Ihr sonni-

ges Gemüt, auch wenn Sie nicht bester Laune sind. Temperamentvolle Auftritte sind erwünscht, doch sie kommen unter Kollegen nicht besonders gut an, wenn Sie sich das zu oft leisten.

Liebesbeziehungen dagegen können vom Temperament, mit dem die August-Zedern reichlich versorgt sind, Impulse erfahren, die Leben und Abwechslung in eine Zweierbeziehung bringen. Besondere Vitalität tut jeder Liebe gut. Vieles, was sich in diesem Bereich angenehm zeigt, verdanken Zeder-Leute einer gewissen Glückssträhne. Es ist die Sonnenenergie, die bei diesen Geburtsdaten eine besondere Intensität verströmt.

In den Monaten Juni, September und Oktober legt sich meist diese überschäumende Lebenskraft. Besonnenheit und Ruhe sind dann zu erwarten und bekommen dem auftriebigen Naturell recht gut.

Viele Menschen Ihres persönlichen Umfeldes sind von Ihrer Art hell begeistert. Vom Vorschlag, eine gemeinsame Sache aufzuziehen, bis zur großzügigen finanziellen Unterstützung könnte alles passieren.

Meinungsverschiedenheiten, die sich mit Leuten ergeben, die mit Ihrem Naturell nicht klarkommen, sollten Sie nicht so ernst nehmen. Es ist unmöglich, jedermanns Freund zu sein – damit muss sich auch eine Zeder abfinden.

An guten Plänen fehlt es Ihnen selten. Von der Idee, sich mit einer Nebenbeschäftigung zusätzliches Geld zu verdienen, sind Zeder-Geborene beider Dekaden immer begeistert. Auch können sie sich über ein Zuwenig an Glück kaum beklagen. Unzufriedenheit, die jede Lebensfreude im Keim erstickt, ist hier nicht oft zu erleben.

Ergeben sich Probleme finanzieller Art, trösten Sie sich, das ist ein Übel, über das sich viele Leute beklagen. Liegt Ihnen an der schnellen Verbesserung Ihrer finanziellen Lage, so gibt es für weibliche Zedern da und dort eine Gelegenheit, um das Minus in der Kasse auszugleichen.

Für das Privatleben können sich Zeder-Damen und -Herren im August viel vornehmen. Auch rigorose Veränderungen sind in diesem Monat erfolgreich durchzuführen.

Ein Gefühl von Zufriedenheit, von Harmonie, von Übereinstimmung mit dem gesamten Umfeld ist im Leben der Zedern ein absolutes Muss. Doch solange Sie sich nicht über eine schlechte Atmosphäre im Büro oder über seelische Kälte Ihres Partners beklagen können, sollten Sie sich zufrieden geben.

Werden Sie mit Problemen konfrontiert, die mit dem Thema Eifersucht im Zusammenhang stehen, werfen Sie nicht gleich alles über den Haufen, was bisher nett und schön war. Stellen Sie zunächst einmal fest, was es mit der Sache wirklich auf sich hat. Entweder ist Ihre Eifersucht begründet – dann beziehen Sie einen klaren Standpunkt. Ist sie unbegründet, setzen Sie sich über dumme Gerüchte oder eine krankhafte Einbildung hinweg. Manchmal muss man auch großzügig über einen so genannten »Fehltritt« hinwegsehen.

Die Wochen der Monate April und Mai sind für Zeder-Leute in der Regel positiv zu bewerten. Stellt sich trotzdem Unzufriedenheit am Arbeitsplatz ein, werten sie dies als eine vorübergehende Sache ohne besondere Bedeutung.

Gibt es Differenzen, die das liebe Geld betreffen, was sehr wahrscheinlich ist, könnte sich mit einer falschen Einschätzung der gegebenen Sachlage ein echtes Problem ergeben. Haben Sie die kritische Zeit der bargeldlosen Phase hinter sich, geht alles bald wieder den gewohnten Gang. Die ganze Aufregung und der ganze Kummer waren dann umsonst.

Für Ihr Privatleben ergibt sich in den Sommermonaten in der Regel ein ganz normaler Tagesablauf ohne Geldsorgen, ohne Verdruss, mit Leuten, die Ihnen nicht völlig egal sind.

Auch wenn der Beruf vollen Einsatz verlangt, etwas mehr Aufmerksamkeit für den häuslichen Bereich muss den Zeder-Leuten immer wieder ans Herz gelegt werden. Zeder-Damen sind nämlich nicht gerade erpicht auf den Alltag in der Küche.

Soweit Strahlungen aus dem Universum positiv zu werten sind, kommt an vielen Tagen des Septembers, Oktobers und Novembers besonderer Optimismus zum Einsatz. Die Worte »charmant« und »bezaubernd« sind in diesen Monaten oft zu hören. Es sind Komplimente, die Sie in den Tagen der Wintersonne nicht oft zu hören bekommen werden.

Nahe stehende Menschen fänden es sehr angenehm, wenn man ihnen mehr Zeit widmen würde. Reservieren Sie einen Teil Ihrer Freizeit diesem Personenkreis. Auch Sie profitieren schließlich von dem Glück, das Sie anderen schenken.

Sollten Sie an manchen Tagen, vielleicht auch Wochen, mit Arbeit allzu reichlich eingedeckt sein, lassen Sie Freundschaften und die Liebe nicht zu kurz kommen. Setzen Sie doch ihren gut funktionierenden Verstand ein, wenn zu massive Ansprüche gestellt werden.

Zeder-Leute haben ab und zu das Bedürfnis, etwas völlig Verrücktes zu tun, etwas Außergewöhnliches zu erleben. Warum sollten sie nicht? Sie lieben Überraschungen! Es ist nur zu hoffen, dass sie einen Partner oder eine Partnerin haben, die davon wissen und diese kleine Eigenart akzeptieren.

Dies beruht allerdings auf Gegenseitigkeit! Nur nehmen und nicht geben bringt Unfrieden, wenn nicht sogar Ärger. Ist Ihre Beziehung im Privatbereich erfreulich, so kann es nicht schaden, wenn Sie Ihre allzu große Ichbezogenheit ablegen.

Bei neuen Bekanntschaften, die sich erst anbahnen, sollte man nicht allzu großzügig sein. Ansprüche, die nicht berechtigt sind, müssen kritisch im Auge behalten werden.

Die Familie bereitet den Zeder-Leuten im Allgemeinen wenig Kummer. Niemand macht ihnen das Herz schwer. Zedern, ob weiblich oder männlich, sind meist ein Herz und eine Seele mit Vater, Mutter und Geschwistern. Es ist ein Glück, das in diesem Ausmaß nur den vom 9. bis 18. Februar und vom 14. bis 23. August Geborenen zuteil wird. Eine gemeinsame Freizeitgestaltung ist ein großes Plus, das im psychischen wie physischen Bereich positiv zu bewerten ist.

# Konzentrierte Sonnenenergie für meinen Baum

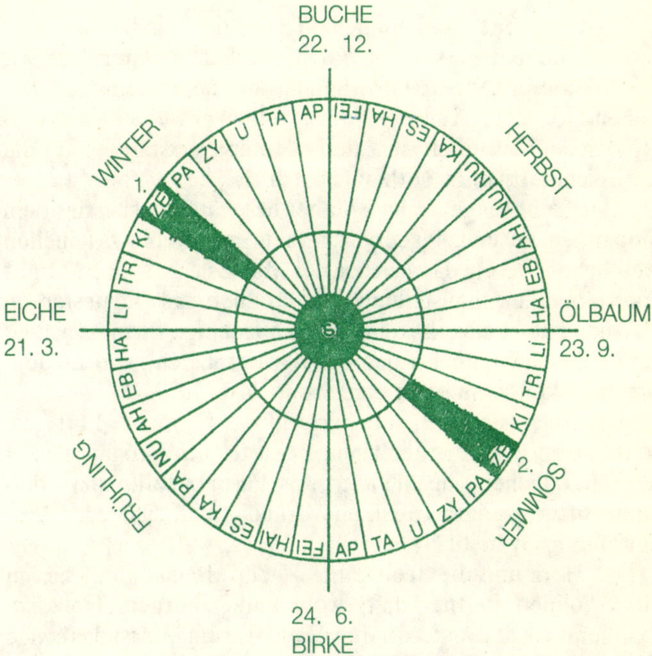


Der markierte schmale Abschnitt zeigt die Position Ihres Baumes innerhalb der vier Jahreszeiten an. Die zu diesem Zeitpunkt wirksame Sonnenenergie ist ein kosmischer Einfluss, durch den das Universum eine besonders enge Beziehung zur Erde und damit zu den an diesen Tagen geborenen Menschen herstellt.

Die einzelnen Baumfelder sind mit den Anfangsbuchstaben des betreffenden Baumes gekennzeichnet.

## Liebe und Partnerschaft

### 9. 2. – 18. 2. Erste Dekade

Zeder-Geborene, ob männlich oder weiblich, haben das Bild ihres Traumpartners schon im jugendlichen Alter fest vor ihrem inneren Auge. Man träumt von einem Menschen, der neben erotischen Ambitionen auch einen gewissen Kameradschaftsgeist mitbringt. Auf alle Fälle muss Verständnis für die zahlreichen Freunde vorhanden sein.

Schon sehr junge Zeder-Männer beschäftigen sich mit dem Gedanken an eine Dauerverbindung mit einem originellen weiblichen Wesen, das sich aus der Masse heraushebt. Man ist auch einer Zurschaustellung von Gefühlen und einem starken Zärtlichkeitsbedürfnis keineswegs abgeneigt. Schmusen und Küssen wird genüsslich demonstriert. Trotzdem, von Leidenschaftlichkeit kann keine Rede sein.

In den Februarwochen beherrscht das Element »Luft« die Verhaltensweise. Das heißt, man erwartet sich Verständnis für die persönlichen Eigenheiten! Als Partner sollte man dies amüsiert zur Kenntnis nehmen. Verkneifen Sie sich jedes Wort der abfälligen Kritik.

Das Herz und die Seele eines Zeder-Mannes fühlt sich in einer soliden Partnerschaft wohl und geborgen. Trotzdem sucht er die Nähe anderer Menschen. Warum? Es ist das ewige Rätsel des männlichen Prinzips; eine definitive Antwort gibt es darauf nicht.

Auch die Zeder-Damen der ersten Dekade verhalten sich ähnlich. Doch sie suchen Menschennähe, um Bewunderung zu genießen! Sie wollen bestätigt haben, dass sie zu den besonderen Geschöpfen dieser Erde gehören. Es handelt sich um pure Eitelkeit, die bei den Februar-Geborenen eine zwingende Begleiterscheinung ist.

## 14. 8. – 23. 8. Zweite Dekade

Eine extrem starke Ausstrahlung geht von den Zeder-Geborenen der Augustdekade aus.

Freude an der Bewegung und am Sport ist hier Veranlassung genug, um das Leben zu lieben. Ein durch nichts zu erschütterndes Selbstvertrauen und eine ebensolche Unternehmungslust sind hier miteinander vereint. Ab und zu könnte sich ein Zug von Verschwendungssucht zeigen. Doch selbst dies wird vom Umfeld (Eltern, Geschwister, Partner, Freunde) nicht als tadelnswert angesehen.

Dieser Zeder-Typus setzt sich im Leben immer durch. Große und bedeutende Persönlichkeiten hatten ihre Geburtsdaten im Zeitraum vom 14. bis zum 23. August. Die im August geborene Zeder kann sich tatkräftig und meist auch erfolgreich für ein ins Auge gefasstes Ziel einsetzen.

In Partnerschaften will man führend sein. Allerdings nur, wenn es sich um eine dauerhafte Beziehung handelt. Bei kleinen Liebesabenteuern ist dies nicht der Fall. Wozu schließlich die Mühe, wenn schon in kurzer Zeit alles vorbei ist?

Der bedeutendste und auffallendste Unterschied zur ersten Dekade zeigt sich in Freundschaftsbeziehungen. Hat man den August in den Geburtsdaten, ist man nämlich freundschaftlichen Bindungen gegenüber äußerst skeptisch. Viele empfinden es sogar als unangenehm, wenn jemand aus dem Umfeld sich zu eifrig um enge Kontakte bemüht.

Harmonische Liebespartnerschaften spielen im Leben der August-Zeder dagegen eine wichtige Rolle. Am besten gestaltet sich eine Partnerschaft, wenn jedem ausreichender Bewegungsfreiraum zugestanden wird. Es ist dies ganz sicher nicht als ungünstiger Aspekt zu werten.

# Harmonische Partnerschaften

**Zeder**
In der nachfolgenden Liste sind unter den Geburtsdaten der Zeder-Dekaden jeweils die Geburtstage eines möglichen Partners eingetragen.
Eine Partnerschaft innerhalb dieser Geburtsdaten verspricht ein angenehmes Miteinander. Man kann Verständnis füreinander aufbringen, auch wenn das Leben einmal nicht glatt verläuft oder unangenehme Zwischenfälle die Atmosphäre belasten. Es ist der Gleichklang des Grundverhaltens, der für Harmonie sorgt.

**Zeder – 1. Dekade, 9. 2. – 18. 2.**

| | |
|---|---|
| Zypresse – 1. Dekade | 25. 1. – 3. 2. |
| Pappel – 1. Dekade | 4. 2. – 8. 2. |
| Zeder – 1. Dekade | 9. 2. – 18. 2. |
| Kiefer – 1. Dekade | 19. 2. – 29. 2. |
| Haselnuss – 1. Dekade | 22. 3. – 31. 3. |
| Eberesche – 2. Dekade | 4. 10. – 13. 10. |
| Esche – 1. Dekade | 25. 5. – 3. 6. |
| Hainbuche – 1. Dekade | 4. 6. – 13. 6. |
| Feigenbaum – 1. Dekade | 14. 6. – 23. 6. |

**Zeder – 2. Dekade, 14. 8. – 23. 8.**

| | |
|---|---|
| Zypresse – 2. Dekade | 26. 7. – 4. 8. |
| Pappel – 3. Dekade | 5. 8. – 13. 8. |
| Zeder – 2. Dekade | 14. 8. – 23. 8. |
| Haselnuss – 1. Dekade | 22. 3. – 31. 3. |
| Ahorn – 1. Dekade | 11. 4. – 20. 4. |
| Esche – 2. Dekade | 22. 11. – 1. 12. |
| Hainbuche – 1.Dekade | 4. 6. – 13. 6. |
| Feigenbaum – 2. Dekade | 12. 12. – 21. 12. |

## Gesundheit

Das Durchhaltevermögen der Zeder-Leute ist auch stärksten Stürmen gewachsen. Das kostet an manchen Tagen allerdings viel Mühe und Selbstdisziplin. Schlafstörungen sind die Folge und sie können, wenn sie über einen längeren Zeitraum anhalten, tatsächlich zu Problemen führen.

Weniger robuste Baumsymbole, die mehr zu Empfindlichkeit neigen, können mit diesem Übel der schlaflosen Nächte kaum klarkommen. Bei Ihnen als Zeder-Schützling ist das selten der Fall. Sollten jedoch diesbezügliche Störungen auftreten, sind gezielte Maßnahmen zu ergreifen. Bewusste Atemtechniken wie langsames Ein- und Ausatmen, auch Entspannungsübungen können dabei Abhilfe schaffen. Diese Übungen müssten zur täglichen Gewohnheit werden. Es wäre empfehlenswert, sich ein kleines Programm zurechtzulegen, das konsequent einzuhalten ist. Es hat sich erwiesen, dass nur ein festgelegtes Programm, das konsequent durchgeführt wird, Abhilfe bringt.

Machen Sie sich jedoch nicht allzu viele Sorgen, denn Zedern sind robuste Naturen.

Wer weiß nicht von den Zedern des Libanon, die schon in grauer Vorzeit dieser Landschaft ihr strenges Gepräge gaben. Düstere Abgründe und Winde aus Ost und West ergaben zusammen mit diesem stolzen Baum ein stets unverändertes Landschaftsbild.

Es ist verständlich, dass Menschen, die unter diesem Baumsymbol geboren werden, eine ähnliche Haltung einnehmen.

# Kiefer

*19. 2. – 29. 2.*
*24. 8. – 2. 9.*

## Allgemeines

Die sprichwörtliche Gutmütigkeit, die der ersten Dekade der Kiefer-Geborenen mitgegeben ist, hat ihre Ursache in einer angeborenen passiven Haltung. Man will mit allen Leuten zurechtkommen und ungestört in Frieden leben.

Wird durch Erziehung oder eine schulische Sonderbetreuung der kindlichen Entwicklungsphase eine besondere Aufmerksamkeit geschenkt, können Talente zur Entfaltung kommen, die zum Teil großartige Zukunftsaussichten bieten.

Opferbereitschaft und Nächstenliebe sind bei Kiefern nie auszuschließen. Doch unsere Zeit verlangt etwas mehr als diese früher so hoch geschätzten Tugenden. Ausgezeichnete Sonnenenergien, die der ersten Dekade immer zur Verfügung stehen, sorgen dafür, dass das persönliche Ich stets im Mittelpunkt aller Interessen steht.

Die unterschiedlichsten Berufe sind bei beiden Dekaden möglich. Ärzte, Künstler, Juristen im Richteramt, aber auch hervorragende Geistesgrößen haben die Kiefer-Februar-Daten in ihrem Repertoire. Allerdings können auch Außenseiter vertreten sein. Für Kiefer-Damen ist die Möglichkeit, sich als Hausfrau und Mutter zu bewähren, eine zusätzliche Chance, ein zufriedenes, glückliches Leben zu führen.

Das Persönlichkeitsbild zeigt bei den Kiefer-Leuten im beruflichen Bereich eine kühle, vielleicht sogar berechnende Art. Bei den Herren ist es eine absolut realistische Einstellung und wenn sie den Posten eines Vorgesetzten einnehmen, haben sie das Wohl des Betriebes ebenso im Auge wie das Wohlergehen der Untergebenen.

Kleine, glückliche Augenblicke im Leben der Kiefern schenken ihnen recht häufig gute Laune. Positive Einflüsse, die sie im seelischen Bereich mit Lebensenergie versorgen, sind bei beiden Kiefer-Dekaden keine Seltenheit. Allerdings muss Anpassungsfähigkeit mobilisiert und gepflegt werden. Das erleichtert den Umgang mit Kollegen ganz erheblich. Auch Kontakte, die beruflich von Wichtigkeit sein können, kommen damit leichter zustande.

Sympathien, die Ihnen gezeigt und entgegengebracht werden, sind immer dazu geeignet, das Leben zu erleichtern. Ganz ohne Ihre Bemühungen, sich Sympathien zu schaffen, wird es aber nicht abgehen.

Es ist auch ratsam, bei entfernten Verwandten, mit denen sich zwangsläufig Kontakte ergeben, alles zu tun, um ein gutes Verhältnis aufrechtzuerhalten. Für Kiefer-Damen wie -Herren ist dies im engeren Familienkreis eine Selbstverständlichkeit. Keine Sorge, es ist nicht zu befürchten, dass Sie dadurch in ein Abhängigkeitsverhältnis geraten könnten. Ihre persönliche Freiheit ist uneingeschränkt gesichert.

Liebe und Erotik haben für Kiefern denselben Stellenwert wie rein platonische Freundschaften. Nicht zu empfehlen wäre aber, dies allzu deutlich zu zeigen. Ein Partner, mit dem Sie eine physische und psychische Beziehung verbindet, will stets eine Sonderzuwendung von Gefühlen und Intimität. Sind Sie in der glücklichen Lage, einen solchen »Goldschatz« an Ihrer Seite zu haben, müssen Sie bemüht sein, sich auf seine Wellenlänge einzustellen. Mit ein bisschen Überlegung und Gefühl wird das ohne großen Kraftaufwand gelingen.

Der Beruf und die geschäftlichen Interessen haben immer wieder Gelegenheit, sich im positiven Sinne zu entwickeln. Bringen Sie noch etwas mehr Herzlichkeit in Ihr Verhalten, so unterstützen Sie die guten Tendenzen, die Ihnen zur Verfügung stehen.

Bietet sich eine Freundschaft an, egal ob privat oder beruflich, ist das eine gute Gelegenheit, sich Vorteile zu verschaffen. Sie wissen doch, es ist immer ein Plus, wenn zwei am gleichen Strang ziehen oder sich gegenseitig Schützenhilfe geben können.

Echte, gravierende Konfliktsituationen sind bei beiden Dekaden nur selten, wenn überhaupt, zu verzeichnen. Ergeben sich trotzdem einmal heftige Auseinandersetzungen, so ist kaum eine lange oder gar bleibende Abneigung zu erwarten.

Gerne schließen sich Kiefer-Damen einem älteren Menschen an. Es kann sich dabei um ein weibliches oder ein männliches Wesen handeln. So wird eine gewisse Unsicherheit beseitigt, die sich im Umgang mit jüngeren Leuten bemerkbar macht. Es wird an dieser Eigenart heute noch gerätselt. Vielleicht ist es eine enge Bindung an Mutter oder Vater, die im Unterbewusstsein noch vorhanden ist. Dies könnte der Auslöser für das besondere Vertrauen sein, das man älteren Menschen entgegenbringt. Eine unterschwellige Unsicherheit, die bei den Nachtgeborenen grassiert, ist auch nicht auszuschließen.

Auch Talente, die nur zum Privatvergnügen gepflegt werden, sind ernst zu nehmen. Eine gewisse Laienhaftigkeit würde sich einschleichen, wenn der nötige Ernst fehlt, der Ihren schöpferischen Ambitionen erst Gehalt verleiht.

Wartet wieder einmal ein dickes Bündel Arbeit auf Erledigung und Sie fühlen sich nicht zu einer pünktlichen Aufarbeitung imstande, dürfen Sie sich dieser Pflicht ruhig entziehen. Kiefer-Leute leben meist weit über die Grenzen ihrer physischen Kraft. Rechtzeitig eine Pause einzulegen ist in der Regel nicht im Sinne der Kiefer. Trösten Sie sich, denn es ist meist nur die Frühlingszeit, die mit Energien aufgeheizte Frühlingssonne, die Sie leicht überfordert. In besonders krassen Fällen sollten Sie darauf achten, sich niemals einem hektischen Tempo zu unterwerfen. Sorgen Sie in solchen Situationen dafür, dass der Umgang mit Ihren Mitmenschen angenehm bleibt oder angenehm wird. Sind Sie dann nach Tagen oder Wochen auf dem Wege der Besserung, trainieren Sie ein Lächeln, das stets ausgezeichnete Dienste leistet.

Haben Sie einen Partner an Ihrer Seite, der das Baumsymbol Linde oder Haselnuss in seinen Geburtsdaten hat, ist damit zu rechnen, dass er alles unternimmt, um Sie in gute Laune zu versetzen. Was Sie bisher nur widerwillig akzeptiert haben, wird dann kein Unbehagen mehr auslösen. Alle Widerstände werden unbedeutender, jeder Ärger kleiner. Langsam kommt wieder alles in die berühmte »Kiefer-Ordnung«.

Lassen Sie dann auch die Kollegen wieder etwas mehr an sich heran. Ein bewusstes Distanzverhalten bekommt Ihnen sowieso nicht.

Es ist auch anzunehmen, dass nach gewissen Krisenzeiten ein einfühlsamer Partner das Thema Liebe in Erinnerung bringt. Sind Sie dann liebevoll und verständnisvoll, so wird dieses Verhalten mit Liebe und Zuneigung belohnt.

Die Begabung, sich im richtigen Moment vorteilhaft in Szene zu setzen, haben beide Dekaden, ob im Februar oder im August/September geboren, zur Verfügung. Wird aber die Absicht deutlich erkennbar, sich damit einen Partner fürs Leben zu sichern, hat diese Selbstinszenierung keine Wirkung. Tun Sie, was Sie gefühlsmäßig für richtig halten, dann können Sie kaum etwas falsch machen.

Kiefer-Leute beider Dekaden haben ein feines Gespür für die seelische Verfassung anderer Menschen. Ist dann auch noch Sympathie vorhanden, kann sich dieses Feingefühl in das Wunder der Liebe verwandeln.

Die Möglichkeit, sich neu zu verlieben, ist für die erste Dekade der Kiefer-Geborenen nur in Einzelfällen gegeben.

Ergeben sich für Kiefer-Geborene finanzielle Vorteile, die schon ein anderer für sich ins Auge gefasst hatte, sollten Sie sich nicht zu den Egoisten zählen. Auch wenn die Stimmung zwischen Ihnen und Ihrem Kontrahenten auf den Nullpunkt sinkt, ist das noch lange kein Grund, Gewissensbisse zu haben. Gönnen Sie sich ein paar zusätzliche Mußestunden und nehmen Sie sich die Lebensphilosophie der Franzosen zu Herzen: C'est la vie.

# Konzentrierte Sonnenenergie für meinen Baum

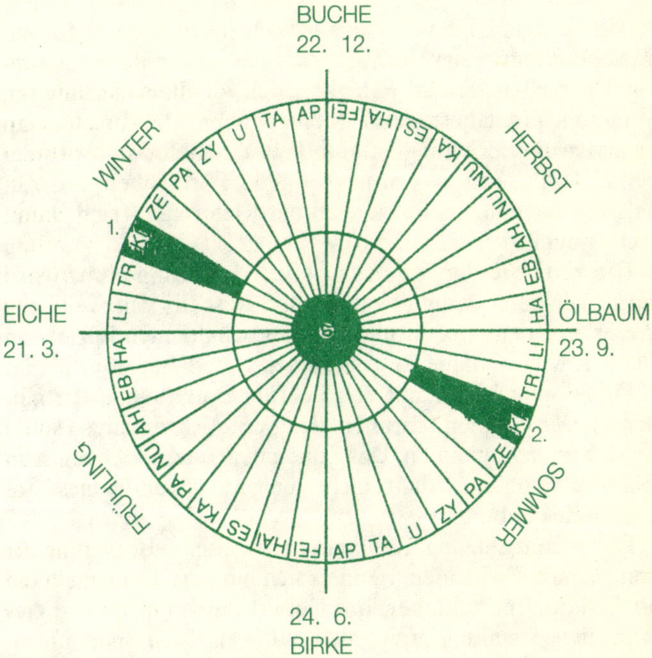


Der markierte schmale Abschnitt zeigt die Position Ihres Baumes innerhalb der vier Jahreszeiten an. Die zu diesem Zeitpunkt wirksame Sonnenenergie ist ein kosmischer Einfluss, durch den das Universum eine besonders enge Beziehung zur Erde und damit zu den an diesen Tagen geborenen Menschen herstellt.

Die einzelnen Baumfelder sind mit den Anfangsbuchstaben des betreffenden Baumes gekennzeichnet.

## Liebe und Partnerschaft

### 19. 2. – 29. 2. Erste Dekade

In der ersten Kiefer-Dekade wirken Venus-Energien, und zwar besonders stark, wenn es sich um taggeborene Kiefern handelt. Sie besitzen die Fähigkeit, sich vor allem in kritischen Situationen in nahestehende Menschen hineinzuversetzen. In einer Partnerbeziehung ist eine Februar-Kiefer stets der gebende Teil, soweit es sich um Gefühle, Zärtlichkeit und Zuneigung handelt, und eine Februar-Kiefer fühlt sich damit recht glücklich!

Die zarten Regungen des eigenen Herzens lässt man sich gerne gefallen. Damit ist auch klar, weshalb sich weibliche Wesen in einer ganz normalen freundschaftlichen Beziehung zu einer Kiefer-Dame so wohl fühlen.

Findet eine Kiefer mit den Februar-Daten einen Partner, der auf der gleichen sentimentalen Welle schwimmt, so sollte sie sich in Acht nehmen. Das Fundament, das ein Leben lang stabil sein sollte, ist dann nicht geeignet für ein langes, störungsfreies Leben.

Die Voraussetzung für eine harmonische Beziehung ist immer dann vorhanden, wenn es sich um Partner handelt, die im Juni oder im Oktober ihre Geburtsdaten haben. Die Gefahr einer Trennung ergibt sich nur, wenn sich Spannungen zeigen, die sich durch eine extrem unterschiedliche erotische Erlebnisbereitschaft bemerkbar machen.

Es liegt an der Wesensart und dem Verhalten des Partners, ob eine Diskrepanz der Meinungen überbrückt werden kann. Kiefer-Leute sind überfordert, wenn man von ihnen eine klare Stellungnahme für das Privatleben erwartet.

## 24. 8. – 2. 9. Zweite Dekade

Der scharfe Verstand dieser Kiefern bewältigt alles, was im Bereich einer Partnerschaft oder Liebesbeziehung an Problemen geboten ist. Nur Partner mit dem Element Luft im Geburtsbild werden mit einer Kiefer der zweiten Dekade einen schwierigen Stand haben.

Wo immer eine Kiefer mit den Geburtsdaten 24. August bis 2. September, ob Frau oder Mann, im Leben steht, sie verfügt über einen enormen Fleiß, ist strebsam und besonders exakt in ihrer Ausdrucksweise. Häufig erweist sich diese Begabung als hervorragend brauchbar im Bereich wissenschaftlicher Studien.

Dieses Kiefer-Naturell fühlt sich niemals wohl beim Nichtstun. Damit erklärt sich auch die betonte Gelassenheit bei privaten Schwierigkeiten, die sich innerhalb einer Partnerschaft ergeben können. Spielt die Liebe aber einmal tatsächlich eine dominierende Rolle in diesem Kiefer-Leben, ist man zu einer Liebenswürdigkeit und einer Herzlichkeit fähig, die alles in den Schatten stellt!

Das Kräfteverhältnis zwischen den zwei gegensätzlichen Impulsen von Kopf und Herz, die für das Liebesverhalten verantwortlich sind, kann hier als harmonisch ausgeglichen gelten.

Die auffallende Begabung für Mathematik und das Interesse für Naturwissenschaften werden hier nie zur Ruhe kommen. Treue, Zuverlässigkeit und Verantwortungsbewusstsein, die für diese Interessengebiete erforderlich sind, haben auch bei den Kiefer-Leuten der zweiten Dekade einen angestammten Platz.

Ein gleichgesinnter Partner kann hier tatsächlich den »Himmel auf Erden« finden.

# Harmonische Partnerschaften

**Kiefer**
In der nachfolgenden Liste sind unter den Geburtsdaten der Kiefer-Dekaden jeweils die Geburtstage eines möglichen Partners eingetragen.
Eine Partnerschaft innerhalb dieser Geburtsdaten verspricht ein angenehmes Miteinander. Man kann Verständnis füreinander aufbringen, auch wenn das Leben einmal nicht glatt verläuft oder unangenehme Zwischenfälle die Atmosphäre belasten. Es ist der Gleichklang des Grundverhaltens, der für Harmonie sorgt.

**Kiefer – 1. Dekade, 19. 2. – 29. 2.**

| | |
|---|---|
| Zypresse – 1. Dekade | 25. 1. – 3. 2. |
| Pappel – 1. Dekade | 4. 2. – 8. 2. |
| Zeder – 1. Dekade | 9. 2. – 18. 2. |
| Haselnuss – 2. Dekade | 24. 9. – 3. 10. |
| Eberesche – 2. Dekade | 4. 10. – 13. 10. |
| Esche – 1. Dekade | 25. 5. – 3. 6. |
| Hainbuche – 1. Dekade | 4. 6. – 13. 6. |
| Ölbaum | 23. 9. |

**Kiefer – 2. Dekade, 24. 8. – 2. 9.**

| | |
|---|---|
| Apfelbaum – 1. Dekade | 23. 12. – 1. 1. |
| Tanne – 1. Dekade | 2. 1. – 11. 1. |
| Ulme – 1. Dekade | 12. 1. – 24. 1. |
| Pappel – 2. Dekade | 1. 5. – 14. 5. |
| Trauerweide – 2. Dekade | 3. 9. – 12. 9. |
| Linde – 2. Dekade | 13. 9. – 22. 9. |
| Nussbaum – 1. Dekade | 21. 4. – 30. 4. |
| Kastanie – 1. Dekade | 15. 5. – 24. 5. |
| Buche | 22. 12. |

## Gesundheit

Etwas mehr Ausdauer und Beharrlichkeit würde den Kiefer-Leuten vieles erleichtern. Dies sind zwei bemerkenswerte Tugenden, mit denen sich die seelische Kraft weiterentwickeln kann. Denn die Kraft der positiven Gedanken kann Schwierigkeiten und Widerstände auflösen.

Meist sind es für Kiefer-Geborene die lieben Mitmenschen, die mit penibler Genauigkeit ihre Fehler und Schwächen registrieren und diese dann bei passender Gelegenheit zum Vorwurf machen.

Kiefer-Leute sind äußerst geschickt, wenn es um die Vermehrung des eigenen Besitzes geht. Das kommt manchen Leuten ungelegen und ist meist auch der Grund für eine gewisse Antipathie.

Es ist aber nun einmal ein Grundbedürfnis der Kiefern, sich um ein sicheres und ausreichendes finanzielles Polster zu bemühen, das ihnen eine optimale Daseinsgrundlage ermöglicht!

Im Privatleben gibt es wenig Grund zur Klage. Nur wenn sich, bedingt durch einen rapiden Abfall der Elemente-Einflüsse, Spannungen ergeben, können Krisensituationen auftreten. Gleichen Sie die Spannungen aus, wo immer sie sich bemerkbar machen. Bei Kiefern ist es meist das Unterbewusstsein, das davon berührt wird. Denn mit unterbewusstem Ärger befassen sich Kiefer-Leute, diese materialistisch und realistisch ausgerichteten Menschen, nicht gerne.

Alle diese Vorgänge laufen selbstverständlich nicht ab, ohne dass der Körper davon berührt wird. Störungen im Verdauungstrakt sind nicht auszuschließen. Aber bitte, kein schneller Griff zu Abführmitteln. Den Teufel mit Beelzebub auszutreiben bringt kein gutes Ergebnis! Gesunde Ernährung und ausreichend Bewegung sind das bessere Rezept.

# Trauerweide

*1. 3. – 10. 3.*
*3. 9. – 12. 9.*

## Allgemeines

Man braucht Trauerweiden, ob Mann oder Frau, nie darauf aufmerksam zu machen, dass die Pflicht an erster Stelle steht. Was zu kritisieren ist, ist oft eher der tierische Ernst, der sich immer dann einstellt, wenn von Arbeit und Beruf die Rede ist.

Die März-Geborenen weisen dabei eine charakterliche Grundsubstanz auf, die sie besonders auszeichnet. Talente sind reichlich vorhanden, sie müssen nur geweckt und gepflegt werden, damit sie auch finanziell gute Ergebnisse einbringen.

Wird die bei den März-Trauerweiden häufig passive Haltung durch liebevolle Zuwendung schon im Kindesalter überwunden, ist der Weg für ein hervorragendes künstlerisches Talent frei. Die Gefahr, dass man eines Tages nicht mehr sicher ist, in welchem Beruf, bei welcher Tätigkeit man nun wirklich zu Hause ist, ist nur dann gegeben, wenn man sich zersplittert. Dadurch würde ein laienhaftes Verhalten in jeder beruflichen Sparte entstehen.

Liebenswert und gutmütig sind alle, die unter dem Symbol der Trauerweide geboren sind. Bei der zweiten Dekade kommen noch Begeisterungsfähigkeit und eine pflegeleichte Verhaltensweise hinzu. Sie alle sind mit äußeren Vorzügen reichlich ausgestattet. Schwierigkeiten und Verdrießlichkeiten, die in keinem menschlichen Leben auszuschließen sind, werden sehr bewusst und sehr kritisch in Schach gehalten. Das angenehme äußere Erscheinungsbild spielt dabei keine geringe Rolle.

Die im September geborenen Trauerweiden haben dazu noch besonders massive Waffen zur Verfügung: logisches Denkvermögen und eine Kritikfähigkeit, die sich in messerscharfen Worten äußern kann. Diese Veranlagung schließt viele Missgriffe aus. In finanziellen Angelegenheiten haben sie dadurch eine glückliche Hand. Auch schriftliche Arbeiten stehen unter einem guten Stern.

Ihre Entwicklungsmöglichkeiten können sich sehen lassen. Über Langeweile kann sich keine Trauerweide beklagen. Zunächst ist es immer ein Berg von Arbeit, der sie in Atem hält.

Freundschaften, die sich in kritischen Situationen bewährt haben, können sie sehr in Anspruch nehmen. Es sind die unterschiedlichsten Ereignisse, die diesbezüglich ihre absolute Aufmerksamkeit erforderlich machen. Ergeben sich privat oder beruflich ernsthafte Auseinandersetzungen, die Ihnen die Laune gründlich verderben, müssen Sie wissen, dass eine freundliche Gesinnung auch weiter bestehen kann, wenn sich einmal Differenzen ergeben haben. Eine Freundschaft, die zeitlebens hält, ist auch einer harten Bewährungsprobe gewachsen. Dasselbe gilt übrigens für eine eheliche Gemeinschaft.

Mitarbeiter in einer Chefposition setzen sich bei betrieblichen Auseinandersetzungen stets für Trauerweiden beider Dekaden ein. Es ist dies eine Art von Freundschaft, die ihnen immer wieder zur Verfügung steht.

Temperament steht den September-Trauerweiden in ausreichendem Maße zur Verfügung. In kritischen Situationen ist es jedoch empfehlenswert, vorsichtig zu sein und zu schweigen.

Sitzt Ihnen ab und zu das Geld zu locker in der Tasche, bekommen Sie von Ihrem eigenen Ich schnell den richtigen Tipp, wann und wo ein Schlussstrich gezogen werden muss.

Über eine schlechte seelische Verfassung haben beide Dekaden selten zu klagen. So schwerwiegend ist kein Problem, dass sie den Kopf hängen lassen oder gar jeden Lebensmut verlieren.

Was ihnen an Energien aus dem kosmischen Raum zur Verfügung steht, nützt in erster Linie ihren beruflichen Bemühungen. Vieles sieht verheißungsvoll aus, was ihnen an Plänen vorgelegt wird. Läuft jedoch irgendetwas gegen ihre Überzeugung, gegen ihr Naturell, müssen sie den Mut zur Ablehnung haben. Ihre psychische Substanz ist nicht bis zum Letzten belastbar, nur im physischen Bereich kennen sie kaum eine Grenze.

Im Bereich Liebe und Zuneigung fühlen sich Trauerweiden schon beim geringsten negativen Anlass ausgeschlossen. Ihre Anstrengungen sind jedoch im Vergleich zu ihrem geschäftlichen und beruflichen Aufwand eher gering.

Das Misstrauen, das sie sofort befällt, wenn sich in partnerschaftlichen Beziehungen eine Abneigung, vielleicht auch nur schlechte Laune bemerkbar macht, ist eigentlich völlig unangebracht.

Verzichten Sie auf sogenannte gute Ratschläge. Auch planetarische Werte geben keinen Hinweis darauf, wie Sie sich entscheiden sollen. Es ist ganz allein Ihre Aufgabe, das Richtige zu tun. Werden Entscheidungen von Tragweite erwartet, schlafen Sie lieber eine Nacht darüber.

Bei Partnerschaften, die gemeinsame geschäftliche und berufliche Interessen aufweisen, wird eine endgültige Stellungnahme wesentlich leichter sein. Es ist nicht zu bestreiten: In diesem Fall hat das erzwungene Verhalten etwas Positives an sich.

In den Sommermonaten Juni, Juli und August werden Sie kaum mit grundsätzlichen Veränderungen konfrontiert. Langfristige Vorhaben, die Veränderungen nicht ausschließen, entwickeln sich jetzt meist zu Ihrem Vorteil. Gespräche, zumeist im Zusammenhang mit beruflicher Umorientierung, müssen mit äußerster Vorsicht und Umsicht geführt werden. Bei wichtigen Absprachen wäre es anzuraten, Ihre souveräne Überlegenheit zu demonstrieren.

Die Trauerweiden der ersten Septemberwoche sind niemals der Gefahr ausgesetzt, sich vereinnahmen zu lassen. Vielleicht ist es auch empfehlenswert, allzu konservative Ansichten abzulegen. Verhalten Sie sich zeitgemäß, das flößt Respekt ein und man hält sie für clever und geschäftstüchtig.

Steht Ihnen Liebeskummer ins Haus, sagt Ihnen Ihr Partner oft unmissverständlich, sie seien zu kühl, zu temperamentlos, für eine leidenschaftliche Liebe ungeeignet. Lassen Sie ihn reden. Sie sind dann eben nicht füreinander geschaffen.

Sollten sich Liebesbeziehungen nur noch unerfreulich zeigen, muss ein Schlussstrich gezogen werden. Sie ersparen sich damit Auseinandersetzungen. Ein Ende mit Schrecken ist dem Schrecken ohne Ende hier unbedingt vorzuziehen.

Die Beziehung zur Familie lässt, wie meist bei den März- und September-Geborenen, nichts zu wünschen übrig. Der Rückhalt, der hier selbstverständlich ist, verleiht bei den verschiedensten Problemen, die tagtäglich auf einen einstürmen, die nötige Kraft, um diese mit Bravour zu meistern. Es ist hier eine Basis vorhanden, auf der die unterschiedlichsten Ansichten noch in Ruhe diskutiert werden können.

Ist im beruflichen Bereich Ärger angesagt, sollten Sie darauf aus sein, die Wogen zu glätten, bevor Sie zu sehr in Rage geraten und keine ruhige Minute mehr haben. Nach einer Auseinandersetzung darf nicht lange überlegt werden, wer nun die besseren Karten besitzt.

Mitarbeiter und Kollegen sehen Ihr kaufmännisches Geschick mit Misstrauen, sogar mit einem Anflug von Neid. Man hält große Stücke auf Sie und Ihre Fähigkeiten. Aber es ist genau das, was ein bestimmter Menschentyp nicht akzeptieren will. Ihr solides Image ist genau diesem Umstand zuzuschreiben.

Ist Ihre Geburtsstunde zwischen 6 Uhr morgens und 6 Uhr abends festgelegt, gleicht das vieles aus, was übereifrigen, missgünstigen Leuten nicht gefällt.

Die Geburtsdaten des März haben das Element Wasser zum Lebensprinzip. Das heißt: Jedem kleinen Problem, jeder kleinen Sorge wird zu viel Gewicht beigemessen.

Die September-Trauerweide ist dagegen vom Element Erde geprägt. Damit ist es leichter, über unerfreuliche Erlebnisse hinwegzukommen. Erdverbunden und erdgebunden zu sein schließt eine seelische Sicherheit ein, die Gold wert ist.

# Konzentrierte Sonnenenergie für meinen Baum

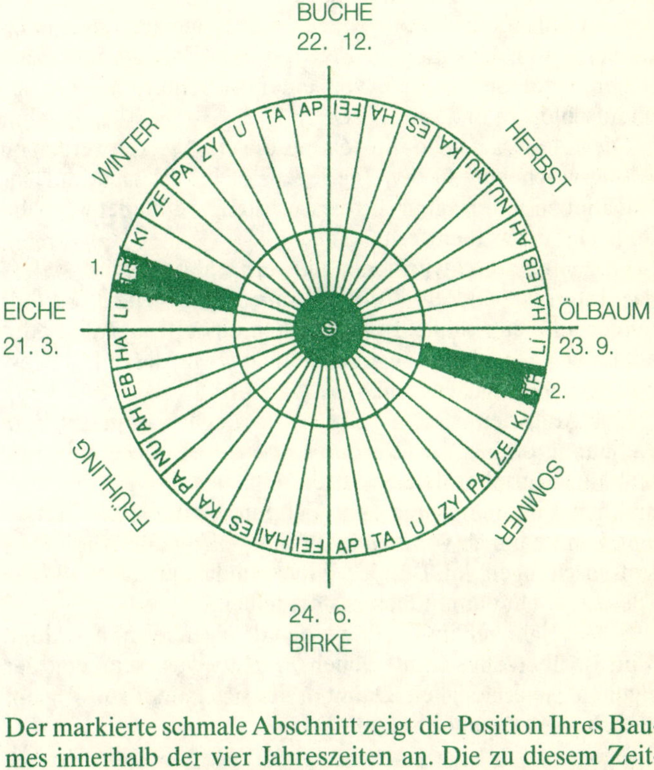


Der markierte schmale Abschnitt zeigt die Position Ihres Baumes innerhalb der vier Jahreszeiten an. Die zu diesem Zeitpunkt wirksame Sonnenenergie ist ein kosmischer Einfluss, durch den das Universum eine besonders enge Beziehung zur Erde und damit zu den an diesen Tagen geborenen Menschen herstellt.

Die einzelnen Baumfelder sind mit den Anfangsbuchstaben des betreffenden Baumes gekennzeichnet.

## Liebe und Partnerschaft

### 1. 3. – 10. 3. Erste Dekade

Trotz permanenter Liebessehnsucht lässt sich eine Trauerweide der ersten Dekade viel Zeit mit einer Partnerwahl. Ihre hohen Idealvorstellungen von einer Beziehung machen sie unentschlossen und wählerisch.

Die betont sachliche Einstellung, die diese Trauerweiden im Alltagsgeschehen an den Tag legen, ist für sie nicht auf das Privatleben übertragbar. Ihr Erwerbstrieb ist meilenweit von ihrer Gefühlswelt entfernt.

Obwohl das Geldverdienen nie vernachlässigt wird, stehen das Interesse und die Aufmerksamkeit für einen Partner immer an erster Stelle. In den Augen einer Trauerweide der ersten Dekade ist eine enge Beziehung etwas, das auf Lebenszeit Harmonie sichern soll.

Das Auftreten ist sehr selbstsicher, doch man macht kein Geheimnis daraus, dass es von einer erfüllten Liebe abhängig sein kann. Ihr überdimensionales Selbstbewusstsein, von kosmischen Energien schon zum Zeitpunkt der Geburt festgelegt, kann nämlich von heute auf morgen zerstört sein, wenn Enttäuschungen im Bereich Liebe und Ehe das seelische Gleichgewicht empfindlich gestört haben.

Schwierigkeiten im Beruf werden dagegen leicht bewältigt. Man ist überzeugt vom eigenen Pflichtbewusstsein, von der eigenen Zuverlässigkeit. Damit ergibt sich immer ein Weg der gütlichen Auseinandersetzung.

## 3. 9. – 12. 9. Zweite Dekade

Wo immer eine Trauerweide sich bewegt, ob im beruflichen oder privaten Bereich, ihr Fleiß und ihre Strebsamkeit sind überwältigend. In der Liebe zeigt sie sich dagegen eher zurückhaltend. Doch immer prägt eine unaufdringliche, charmante Art ihr Verhalten.

Bei den taggeborenen Trauerweiden (6 Uhr morgens bis 6 Uhr abends) zeigt sich eine gewisse innere Unfreiheit, die vor allem bei einer Partnerwahl, die in die Ehe führen soll, auffällig ist. Ist jedoch einmal eine feste Beziehung zustande gekommen, kümmert sich jede Trauerweide rührend um die Familie.

Weibliche und männliche Trauerweiden sind durchwegs recht wählerisch, deshalb ist beim Trauerweide-Typ der Anteil an Singles besonders hoch.

Häufig wird ein Mangel an Liebeszuneigung durch künstlerische Kreativität ausgeglichen. Die Neigung, eine unerfüllte Liebessehnsucht mit schöpferischen Impulsen zu verbinden, kann ein hilfreiches Ventil sein.

Eine Trauerweide, die zur Nachtstunde geboren wurde (6 Uhr abends bis 6 Uhr morgens), kann auch eine Partnerschaft akzeptieren, die nicht ganz ihren Wunschvorstellungen entspricht. Da das Selbstbewusstsein niemals unterentwickelt ist, ist man nicht darauf angewiesen, ständig Liebesbeweise zu bekommen. Doch auch hier muss die »Chemie« stimmen, wenn die körperliche Nähe ein wichtiger Faktor in einer ehelichen Gemeinschaft sein soll.

# Harmonische Partnerschaften

**Trauerweide**
In der nachfolgenden Liste sind unter den Geburtsdaten der Trauerweide-Dekaden jeweils die Geburtstage eines möglichen Partners eingetragen.
Eine Partnerschaft innerhalb dieser Geburtsdaten verspricht ein angenehmes Miteinander. Man kann Verständnis füreinander aufbringen, auch wenn das Leben einmal nicht glatt verläuft oder unangenehme Zwischenfälle die Atmosphäre belasten. Es ist der Gleichklang des Grundverhaltens, der für Harmonie sorgt.

**Trauerweide – 1. Dekade, 1. 3. – 10. 3.**

| | |
|---|---|
| Apfelbaum – 2. Dekade | 25. 6. – 4. 7. |
| Tanne – 2. Dekade | 5. 7. – 14. 7. |
| Ulme – 2. Dekade | 15. 7. – 25. 7. |
| Kiefer – 2. Dekade | 24. 8. – 2. 9. |
| Trauerweide – 2. Dekade | 3. 9. – 12. 9. |
| Linde – 1. Dekade | 11. 3. – 20. 3. |
| Nussbaum – 2. Dekade | 24. 10. – 11. 11. |
| Kastanie – 2. Dekade | 12. 11. – 21. 11. |
| Eiche | 21. 3. |
| Birke | 24. 6. |

**Trauerweide – 2. Dekade, 3. 9. – 12. 9.**

| | |
|---|---|
| Apfelbaum – 1. Dekade | 23. 12. – 1. 1. |
| Tanne – 1. Dekade | 2. 1. – 11. 1. |
| Ulme – 1. Dekade | 12. 1. – 24. 1. |
| Pappel – 2. Dekade | 1. 5. – 14. 5. |
| Linde – 2. Dekade | 13. 9. – 22. 9. |
| Nussbaum – 1. Dekade | 21. 4. – 30. 4. |
| Kastanie – 2. Dekade | 12. 11. – 21. 11. |
| Buche | 22. 12. |
| Kiefer – 2. Dekade | 4. 8. – 2. 9. |

## Gesundheit

Sind Sie unter dem Baumsymbol der Trauerweide geboren, brauchen Sie nicht zu befürchten, dass das Wort »Trauer« etwas zu besagen hat. Es ist weder mit Niedergeschlagenheit noch Hoffnungslosigkeit in Zusammenhang zu bringen.

Der Name hat insofern seine Berechtigung, als dieser Baum mit hängenden Ästen ausgestattet ist. Sie schenken ihm eine gewisse Eleganz, die sich in jedem Frühjahr zeigt, wenn sich das erste Grün wie ein filigranes Netzwerk über die Äste breitet. Die Trauerweide übertrifft alles, was von anderen Bäumen in dieser Jahreszeit an Lieblichkeit geboten wird.

Im Bereich der Trauerweide sind daher immer Impulse für das Außergewöhnliche zu erwarten.

Ihr starkes Bewegungsbedürfnis sorgt dafür, dass sie so gut wie nie zum Stillstand kommen, und verhindert, dass sie einmal ganz einfach rein gar nichts tun. Dauernd sind sie am Überlegen, ob nicht dieses oder jenes noch getan werden müsste. Eigenartigerweise macht sich diese Emsigkeit jedoch selten in aller Öffentlichkeit bemerkbar.

Durch diese extrem aktive Verhaltensweise ist das Nervensystem sehr in Anspruch genommen. Versuchen Sie deshalb zumindest an den Sonn- und Feiertagen etwas Ruhe in Ihren Tagesablauf zu bringen. Niemand kann stets unter Spannung stehen. Alles, was Wärme vermittelt, ob es die Sonne, ein warmes Bad vor dem Schlafengehen oder heißer Tee ist, bekommt diesem überbeanspruchten Nervenkostüm ganz ausgezeichnet und hilft bei allen kleineren und größeren Beschwerden.

# Linde

*11. 3. – 20. 3.*
*13. 9. – 22. 9.*

## Allgemeines

Die erste Dekade der Linde paart in jeder Lebenslage Feingefühl mit Energie. Nachtgeborene sind zusätzlich mit gewissen Führungsqualitäten ausgestattet. In den meisten Fällen macht sich damit ein äußerst despotisches Verhalten bemerkbar.

Steht der Verstand über den Gefühlen – und bei männlichen Linden ist das vorauszusetzen –, so ist eine realistische Einstellung, die einen gewissen Materialismus nicht ausschließt, selbstverständlich.

Im März ist das Element Wasser bemüht, den Linde-Geborenen eine etwas gemäßigtere Gangart aufzuzwingen. So wie ein Bach seinen Lauf dem natürlichen Gefälle überlässt, geben sich die März-Typen nur zu gerne dem Fluss der Geschehnisse hin. Dies ist eine begrüßenswerte Verhaltensweise, denn sich dem Schicksal zu überlassen ist keineswegs reine Bequemlichkeit.

Als Naturereignis wird von Linde-Geborenen beider Dekaden die Liebe erlebt. Naturverbunden und naturgebunden, wie sie sind, erwarten sie sich von ihr nur zu gerne Wunder.

September-Linden verhalten sich auch in verliebtem Zustand wie immer: Sie versuchen zunächst Ordnung in eine Beziehung zu bringen. Dies ist für sie oberstes Gebot, um Enttäuschungen aus dem Wege zu gehen. Doch immer wird die Liebe auch für absolut realistisch eingestellte Menschen zu einem Erlebnis. Selbst wenn man genau weiß, dass keine Blume, keine Blüte sich ewig hält, liebt man sie doch alle, hegt und pflegt sie und genießt das Wunder ihrer Schönheit.

Am Anfang aller Unternehmungen von Linden stehen gute Laune und eine besondere Art von gewinnender Herzlichkeit. Bei der März-Dekade ist das leicht zu verstehen. Häufig besitzen sie eine glückliche Hand bei beruflichen wie auch privaten Herausforderungen.

März-Linden haben etwas Faszinierendes an sich. Man könnte fast schon von einer suggestiven Art sprechen, die den Umgang mit ihnen so angenehm macht. Nützen Sie diese Veranlagung, damit sie Ihnen auch an weniger guten Tagen zur Verfügung steht. Ihr von kosmischen Energien aufgeheiztes Alltagsverhalten ist eine Einmaligkeit, an der sich mancher ein Beispiel nehmen könnte.

Linde-Leute beider Dekaden finden sich auffallend schnell auch in ungewohnter Umgebung zurecht. Es ist wahrscheinlich, dass der feste Standpunkt, den sie in jeder Lebenslage vertreten, die Grundlage für dieses hervorragende Talent ist.

Ergibt sich in einer Liebesbeziehung, vielleicht auch im Kontakt mit der Familie, eine gespannte Atmosphäre, schalten Sie jeden Verdacht aus, Sie hätten dazu Anlass gegeben. Wie Sie die Lage auch einschätzen, negativ wird nichts verlaufen. Man hält große Stücke auf Sie und niemand wird Ihnen die Schuld an Unstimmigkeiten unterschieben.

Die Linde-Geborenen haben mit ihren Geburtsdaten meist einen Glücksstern als »Bodyguard«! Diese permanente Bevorzugung birgt natürlich auch einige Gefahren. Man bemüht sich nicht mehr ernsthaft um positive Kontakte zu den Mitmenschen. Dies wäre allerdings kein guter Ausgangspunkt für ein glückliches und erfülltes Leben.

Auch Linde-Leute müssen ab und zu Einbußen akzeptieren. Die Monate Oktober und November sind dafür besonders anfällig.

Hindernisse, mit denen Sie nicht rechnen konnten, versetzen Sie jetzt in eine ungewohnte Aufregung, für die nicht einmal von guten Freunden Verständnis aufgebracht wird.

Zeigen Sie im privaten Bereich nicht das Einfühlungsvermögen, das man von Ihnen gewöhnt ist, kann es sich hierbei um eine physische Schwäche handeln, die Ihnen zu schaffen macht. Finden Sie sich damit ab – das ist der einzige Rat, der hier angebracht ist.

Eine Ausnahme macht der Bereich Liebe und Zuneigung. Etwas mehr Diplomatie wäre hier vielleicht empfehlenswert, sollte Eifersucht in den Herbstmonaten Beschwerden bereiten oder Ärger auslösen.

Sorgen Sie dafür, dass Ihre Einstellung zu allen eventuell auftauchenden Problemen realistisch und nüchtern bleibt. Eigensinniges Festhalten an Überzeugungen, die jeder Logik entbehren, liegt Ihnen aber sowieso nicht. Sind die Argumente jedoch hieb- und stichfest, erinnern Sie sich an das Sprichwort: Die Zeit heilt alle Wunden! Lassen Sie einige Tage, vielleicht auch Wochen vergehen, bis Ihr Herz ruhiger geworden ist und Ihr klarer Verstand wieder zum Einsatz kommt.

Linden beider Dekaden haben gute Chancen, sich in wissenschaftlichen Bereichen aktiv zu bewegen. Es darf nicht übersehen werden, dass sich hier Möglichkeiten bieten könnten, um dem Leben einen neuen Sinn zu geben.

Das Privatleben ist für Linde-Leute der zweiten Dekade in bestimmten Zeitabständen wichtiger als jedes berufliche Engagement. Wichtig ist dann, sich im Umgang mit dem privaten Umfeld, Eltern, Geschwistern und nahe stehenden Freunden, großzügiger zu zeigen, als dies normalerweise erwartet wird. Sichern Sie sich hier Sympathie und Zuneigung. Zeigen Sie sich in Geberlaune, auch wenn sich das Verhalten oder gewisse Eigenarten dieser Leute nicht mit Ihren Vorstellungen decken. Kein Wort der bissigen Kritik darf über Ihre Lippen kommen. Sie verderben sich damit für immer die Möglichkeit, ein inniges Verhältnis aufzubauen.

Sie haben einen ausgezeichneten Ruf als freundlicher, verständnisvoller Mensch. Erhalten Sie sich diesen Ruf, auch wenn es ab und zu schwer fällt! Wenn Sie möchten, dass sich das Leben von einer angenehmen Seite zeigt, sollten Sie dafür auch die Verantwortung übernehmen und entsprechendes Verhalten zeigen.

Eine Welle von Sympathie ist aus dem Freundeskreis zu erwarten, mit dem sie eine gemeinsame Sportart verbindet. Durch diese Art von Freundschaft ergibt sich ein kameradschaftliches Verhalten, das sich stets ausgezeichnet bewährt.

Lassen Sie sich jedoch niemals zu einer Freizeitgestaltung animieren, die Ihnen ein Gefühl von Pflicht vermittelt. Linde-Leute beider Dekaden brauchen das Gefühl des Wohlbehagens in ihren Mußestunden. Sie müssen sich wohl fühlen, sie müssen Spaß haben, wenn sie das Programm für ihre Freizeit planen.

Ob sie nun im März oder im September geboren sind, Linde-Leute haben etliche Fähigkeiten, die sich beruflich gut auswerten lassen. Erfolgsbetont ist diese Tendenz besonders, wenn sie an einer künstlerischen Tätigkeit Interesse haben.

Linden der September-Dekade werden vom Schicksal in besonderem Maße bevorzugt, Ihre Erwartungen, im Leben etwas zu erreichen, werden selten enttäuscht.

Harmonie ist überall dort zu erwarten, wo sie sich gelöst und ohne jeden negativen Gedanken mit Menschen zusammentun, denen sie herzlich zugetan sind. Kameradschaftliche Beziehungen sind nicht nur von langer Dauer, es könnte sich daraus auch eine Freundschaft fürs ganze Leben entwickeln.

Mit Familienmitgliedern wird es diesbezüglich nicht so gut klappen, da Vater, Mutter, vielleicht sogar Oma, Opa und der Rest der Familie Sie zu sehr für sich in Anspruch nehmen und vereinnahmen würden. Zählen Sie allerdings zu den März-Geborenen, haben Sie gegen derart intensive Bindungen nichts einzuwenden, während September-Geborene ein solches Ansinnen weit von sich weisen.

Beide Dekaden sind selbstsicher und energiegeladen. Eine leichte Reizbarkeit ist festzustellen, wenn es dem Dezember zu geht. Versuchen Sie jetzt Ihre physischen Kräfte zu mobilisieren und die Abwehrkräfte zu stärken. Suchen Sie Bewegung jeglicher Art, das hält in Schwung und vertreibt Nervosität.

## Konzentrierte Sonnenenergie für meinen Baum

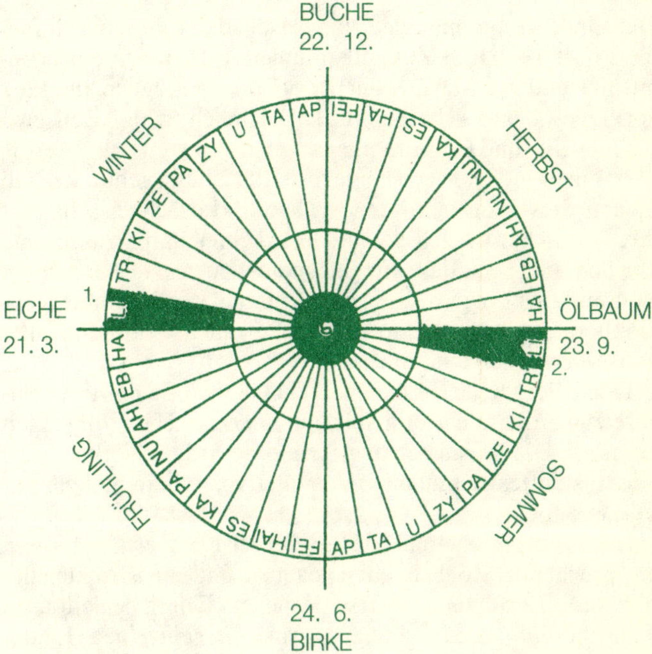


Der markierte schmale Abschnitt zeigt die Position Ihres Baumes innerhalb der vier Jahreszeiten an. Die zu diesem Zeitpunkt wirksame Sonnenenergie ist ein kosmischer Einfluss, durch den das Universum eine besonders enge Beziehung zur Erde und damit zu den an diesen Tagen geborenen Menschen herstellt.

Die einzelnen Baumfelder sind mit den Anfangsbuchstaben des betreffenden Baumes gekennzeichnet.

## Liebe und Partnerschaft

### 11. 3. – 20. 3. Erste Dekade

Die Linde-Geborenen der ersten Dekade verlieren sich niemals in illusionären Zukunftsträumen. Ein Hang zum Pessimismus und zur Melancholie ist bei denen möglich, die kurz vor Tagesbeginn geboren wurden, nämlich in der Zeit zwischen 3 Uhr und 6 Uhr morgens.

Ist eine Linde noch an keine feste Beziehung gebunden und möchte diesen Zustand beenden, kann es tatsächlich sein, dass ihre Wunschkraft sich so stark verdichtet und so konkrete Formen annimmt, dass ein geeigneter Partner in absehbarer Zeit auftaucht. Diese suggestive Wunschkraft ist eine Eigenschaft, die auch dann erfolgreich sein kann, wenn ausgefallene Berufswünsche auftauchen.

Doch diese Kraft darf niemals zum bloßen Zeitvertreib eingesetzt werden, nicht zum Spiel mit unerklärlichen Vorgängen ausarten. Die Voraussetzung für ein derartiges Vorhaben ist ein ernsthaftes Bemühen, unterstützt von einem makellosen Verhalten.

Das Talent, Liebe und Erfolg »herbeizuzaubern«, ist, wenn entsprechende Möglichkeiten gegeben sind, auch im künstlerischen Bereich von unwahrscheinlichem Erfolg begleitet.

Partnerliebe und Zuneigung sind bei einzelnen Linde-Typen nicht von besonderer Stabilität. Stattdessen zeigt sich eine eigenartige Intensität im seelischen Bereich, die überall ausgezeichnet ankommt und manchmal sogar Unmögliches möglich macht.

Eine besondere Anziehungskraft im erotischen Bereich könnte bei Linde-Damen und -Herren vorhanden sein. Damit werden auch schwierige Hürden bewältigt.

## 13. 9. – 22. 9. Zweite Dekade

Die zweite Dekade der Linde zeigt sich im Bereich Liebe zurückhaltend. Doch sind sie liebenswürdig und auf eine dezente Art charmant. In sozialen Berufen fühlen sie sich am wohlsten.

Das Liebesverhalten ist niemals aggressiv oder gar besitzergreifend. Liebe im allumfassenden Sinn wird von der zweiten Linde-Dekade auch an das gesamte Umfeld verströmt. Stets hat man ein Trostwort oder eine Aufmunterung für den lieben Nächsten parat.

Dieser Linde-Typus, der sich rundherum freundlich und nett zeigt, ist jedoch übervorsichtig bei der Partnerwahl. Er bleibt lieber alleine, wenn seine hohen Ansprüche nicht zufrieden gestellt werden.

Ist eine Linde der zweiten Dekade tagsüber geboren (6 Uhr morgens bis 6 Uhr abends), strebt sie möglicherweise sogar eine Partnerschaft an, die den erotischen Bereich völlig ausschließt.

Nicht ausgeschlossen ist jedoch, dass sich eine Linde-Dame oder ein Linde-Herr auf eine heimliche Beziehung einlässt.

Den Intellektuellen unter den Linde-Geborenen der zweiten Dekade fehlt es häufig an der Kraft, sich dynamisch durchzusetzen oder sich demonstrativ zu einer Liebe zu bekennen.

Eine Neigung zu ausgefallenen wissenschaftlichen Studien könnte sich bemerkbar machen, so dass zwischenmenschliche Beziehungen überhaupt nicht in Frage kommen. Damit wird das Leben sehr erschwert und gelegentliche Depressionen sind dann nicht auszuschließen.

# Harmonische Partnerschaften

**Linde**
In der nachfolgenden Liste sind unter den Geburtsdaten der Linde-Dekaden jeweils die Geburtstage eines möglichen Partners eingetragen.
Eine Partnerschaft innerhalb dieser Geburtsdaten verspricht ein angenehmes Miteinander. Man kann Verständnis füreinander aufbringen, auch wenn das Leben einmal nicht glatt verläuft oder unangenehme Zwischenfälle die Atmosphäre belasten. Es ist der Gleichklang des Grundverhaltens, der für Harmonie sorgt.

**Linde – 1. Dekade, 11. 3. – 20. 3.**

| | |
|---|---|
| Apfelbaum – 2. Dekade | 25. 6. – 4. 7. |
| Tanne – 2. Dekade | 5. 7. – 14. 7. |
| Ulme – 2. Dekade | 15. 7. – 25. 7. |
| Trauerweide – 1. Dekade | 1. 3. – 10. 3. |
| Nussbaum – 2. Dekade | 24. 10. – 11. 11. |
| Kastanie – 2. Dekade | 12. 11. – 21. 11. |
| Eiche | 21. 3. |
| Birke | 24. 6. |

**Linde– 2. Dekade, 13. 9. – 22 9.**

| | |
|---|---|
| Apfelbaum – 1. Dekade | 23. 12. – 1. 1. |
| Tanne – 1. Dekade | 2. 1. – 11 1. |
| Ulme – 1. Dekade | 12. 1. – 24. 1. |
| Pappel – 2. Dekade | 1. 5. – 14. 5. |
| Kiefer – 2. Dekade | 24. 8. – 2. 9. |
| Trauerweide – 2. Dekade | 3. 9. – 12. 9. |
| Nussbaum – 1. Dekade | 21. 4. – 30. 4. |
| Kastanie – 1. Dekade | 15. 5. – 24. 5. |
| Buche | 22. 12. |

# Gesundheit

Am Tag der Geburt haben Linden im März oder September eine gemäßigte Sonnenenergie zur Verfügung gestellt bekommen. So gemäßigt und wohl temperiert will man auch sein Leben verbringen.

Turbulenzen, die sich in einem menschlichen Leben ab und zu ergeben, sind für Linde-Geborene beider Dekaden kein Anlass zu Aufregung oder gar Pessimismus.

Für die September-Dekade kann eine gewisse Unruhe temperamentvolle Auftritte auslösen, die sogar eine willkommene Abwechslung im grauen Alltag bedeuten, jedoch auch eine gewisse Reizbarkeit an den Tag bringen. Selbstverständlich möchte man nicht persönlich einbezogen sein. Man ergreift lediglich Partei für den einen oder anderen. In Bezug auf die eigenen Interessen und Belange lässt man sich prinzipiell auf keine Kontroversen ein.

Fühlt eine Linde sich einmal in ihrer Haut nicht wohl, ist meist ein Partner oder eine Partnerin dafür die Ursache. Denn es ist hier meist der Privatbereich, der psychische und physische Störungen auslöst. Man reagiert schnell, wenn es in einer Beziehung kriselt! Liebe darf für die Linden nie zu einer Belastung werden.

Niemals dürfen Linde-Leute es dazu kommen lassen, sich über eine gestörte Gesundheit laut und in aller Öffentlichkeit zu beklagen. Der Versuch, einen Partner damit zu manipulieren, ist nicht nur ein unfaires Verhalten, es kann tatsächlich zu gesundheitlichen Krisen führen.

Machen sich Störungen im Gelenkbereich der Beine bemerkbar, helfen Massagen, die die ersten Beschwerden lindern. Solche Symptome sind übrigens typisch: Bei privatem Ärger steht man nicht mehr auf festen Beinen, das seelische Gleichgewicht ist empfindlich gestört!

# Haselnuss

*22. 3. – 31. 3.*
*24. 9. – 3. 10.*

## Allgemeines

Haselnuss-Geborene sind weitgehend von ihrer Psyche geleitet. Ihre Phantasie arbeitet auf Hochtouren, wenn der Alltag unerträglich wird. Dies ist eine hervorragende Begabung, die auch vom Partner und von der Familie hoch geschätzt wird.

Phantasiebegabte Leute finden immer Auswege und Alternativen. Sehr Unangenehmes wird einfach ignoriert, wenn es sich dabei nicht gerade um körperliche Schmerzen handelt. Geduld und Abwarten sind für die zweite Dekade schon beinahe ein Patentrezept.

Wünsche, Gefühle und Sehnsüchte, diese drei Kinder der Psyche, machen aus weiblichen Haselnuss-Geborenen verträumte Menschen. Die März-Dekade ist zudem auch noch extrem introvertiert. Die Grundtendenz dieser Verhaltensweise wird bei beiden Dekaden von der Liebe und dem Interesse an Kunst geprägt. Damit überlässt man sich gerne den Zufälligkeiten des Schicksals. Da bei diesen Menschen mit einer positiven Einstellung zum Leben gerechnet werden kann, geht das auch in den meisten Fällen gut.

Die Selbstinszenierung ist bei auffallend künstlerisch begabten Haselnuss-Typen eine Alltagserscheinung. Auch wenn sie für eitel gehalten werden, ist das immer noch besser, als mit ungepflegtem Äußeren ein höchst unerfreuliches Bild abzugeben. Zudem nimmt die Liebe in einem Haselnuss-Leben immer einen wichtigen Platz ein. Auch dies verpflichtet zu einem stets gefälligen Äußeren.

Eine äußerst sympathische Art, die Haselnuss-Leute an den

Tag legen, ist ihre abwartende Haltung. Sie stürzen sich niemals Hals über Kopf ins Leben hinein. Es ist auch nicht notwendig, denn niemand erwartet von ihnen, dass sie als hervorragende Geistesgrößen auftreten. Sie sind vor allem dafür geschaffen, den Leuten ihres Umfeldes eine Augenweide zu sein. Ihre persönliche Art, wenn sich Unangenehmes ereignet oder Kummer und Verdruss sich breit machen, ist ein zusätzliches Plus, das auch die verdrießlichste Laune in den Hintergrund drängt.

Haselnuss-Leute beider Dekaden haben niemals den Drang, für das eigene Wohlbefinden gezielt etwas zu tun. Sie fühlen sich wohl in ihrer Haut und das genügt ihnen. Freundlich und gelassen, jedes Hindernis übersehend, erweisen sich für sie besondere Aspekte als äußerst hilfreich. Niemandem würde es einfallen, sie mit schwierigen Problemen zu belasten.

Zu Hause in der Familie zeigt sich die gleiche Situation. Möglich ist allerdings, dass besonders temperamentvolle Angehörige mit diesem gemütvollen Naturell nicht ganz einverstanden sind. Für Haselnuss-Damen wie -Herren ergibt sich daraus aber kein Problem, höchstens für den ungeduldigen, sich für alles engagierenden Zeitgenossen.

Haben die erste und zweite Dekade jedoch einmal ein Ziel vor Augen, das nur mit Mühe zu erreichen ist, so wird aus dem friedfertigen, gelassenen Haselnuss-Typen ein Wesen, das insgeheim emsig wie eine Ameise bemüht ist, an das Ziel ihrer Wünsche zu kommen.

Haselnuss-Geborene gewöhnen sich relativ schnell an veränderte Situationen. Ihr inneres Gleichgewicht ist so stabil, dass sie auch mit den unterschiedlichsten Gegebenheiten zurechtkommen. Es ist eine innere Sicherheit, die ihnen dieses besondere Flair eines zufriedenen, ausgeglichenen Wesens gibt. Die gute Laune und diese Herzlichkeit, die sich damit automatisch einstellen, ziehen viele Menschen an. Immer wird sich dies im Leben der Haselnuss-Leute bestätigen.

Chancen, die sich ab und zu im beruflichen Bereich ergeben, sind Hinweise darauf, dass sie sich zu den bevorzugten Kindern schicksalhafter Ereignisse zählen dürfen.

Lassen Sie einige Wochen und Monate vorübergehen, sollte Ihnen einmal eine Entscheidung schwer fallen. Schnelle Entschlüsse liegen Ihnen nicht und auch die rosigsten Aussichten ändern daran nichts. Eine gravierende Umstellung oder eine Belastung durch Mehrarbeit sollte jedoch niemals für Ihren ablehnenden Bescheid ausschlaggebend sein.

Die elementare Kraft Erde ist für die März-Haselnuss eine stabile Basis und sorgt in kritischen Situationen dafür, dass besonders im Berufsleben alles seinen rechten Gang geht.

Im Herbst ist es das Element Luft, das sich positiv einsetzt. Luft, dieses leichte, unbeschwerte Element, ist sicher auch die Ursache für die liebenswerte Art der Haselnuss-Damen und -Herren, die im Oktober ihren Geburtstag haben. Sie haben in Ihrem Leben immer wieder die Möglichkeit, sich besonders zu profilieren. Wählen Sie sorgfältig und greifen Sie nur das wirklich Machbare heraus, wenn eine Entscheidung zu treffen ist.

Die Warnung, sich vor Illusionen zu hüten, ist bei Haselnuss-Damen völlig überflüssig. Ihre unbeschwerte Verhaltensweise erweckt zwar den Eindruck, als würden sie über ein leichtgläubiges Herz verfügen. Doch setzen stets glasklare Überlegungen ein. Mit Kompromissbereitschaft kann hier nicht gerechnet werden.

Haselnuss-Geborene beider Dekaden müssen sich im Gefühlsbereich vollkommen im Klaren sein. Selbst wenn sie sich einmal zur Beendigung einer Partnerschaft entschlossen haben, wird es eine ganze Weile dauern, bis dem Entschluss die Durchführung folgt. Sie sind niemals bereit, sich schnell von Gewohnheiten zu trennen. Man wünscht sich ein Leben ohne Aufregung! Außerdem ist eine Veränderung im Bereich Partnerschaft immer mit der Notwendigkeit verbunden, sich mit den Eigenarten eines neuen Partners auseinander zu setzen.

In der Familie findet man die Beständigkeit, die die Haselnuss als so wohltuend empfindet. Hier muss nicht gerätselt werden, was andere fühlen, was man selbst fühlt. Hier ist keine Programmgestaltung notwendig. Das macht Haselnuss-Leute sehr familienfreundlich und bringt Vorteile, die nicht hoch genug gewertet werden können.

Beruflich verlangen die Monate Februar/März und September/Oktober meist eine besondere Aufmerksamkeit. Kaum eine andere Zeit innerhalb des Jahres ist so erfolgreich auszuwerten. Wichtig ist, sich schon vor diesen Wochen von jedem überflüssigen Ballast zu befreien, der Ihre Gedanken und Ihre Initiative einschränken könnte. Man sollte die Erfolgstendenz dieser Monate unbedingt im Auge behalten. Vor allem dann, wenn es beruflich einmal nicht so besonders gut vorangegangen ist.

Setzen Sie aber auch in den flauen Monaten eine siegessichere Miene auf. Damit macht man immer einen guten Eindruck und es hebt sogar die eigene Stimmung.

Sehr zu empfehlen ist den Haselnuss-Damen der März-Dekade, sich eine gewisse Leichtgläubigkeit abzugewöhnen. Sie sind die »sanften Tauben« im Kreis der keltischen Baumsymbole. Sanft sein heißt aber auch, dass eine gewisse Genügsamkeit vorhanden ist, die völlig unangebracht ist. Leider gibt es mehr als genug rigorose, erfolgsbetonte Zeitgenossen, die diese bescheiden wirkende Art zu ihrem Vorteil ausnützen.

An Ihrem Liebeshimmel stehen die Zeichen nicht ungünstig, sollten Sie sich zu einem Partner entschlossen haben. Lassen Sie jedoch stets Ihren gesunden Menschenverstand zu Worte kommen. Unter dieser Voraussetzung braucht man sich um Ihr Wohl und Wehe keine Sorgen zu machen.

Ergeben sich Probleme finanzieller Art, so wissen Sie aus Erfahrung, dass sich solche Schwierigkeiten über kurz oder lang von selbst erledigen.

# Konzentrierte Sonnenenergie für meinen Baum

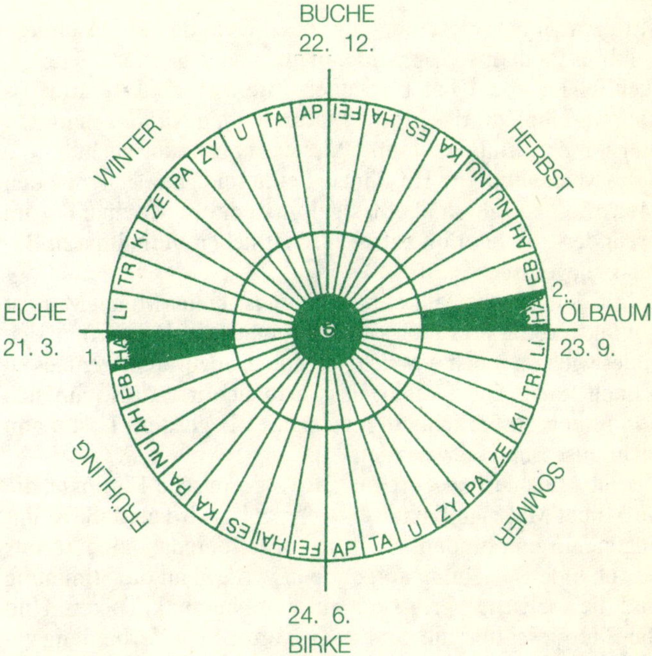


Der markierte schmale Abschnitt zeigt die Position Ihres Baumes innerhalb der vier Jahreszeiten an. Die zu diesem Zeitpunkt wirksame Sonnenenergie ist ein kosmischer Einfluss, durch den das Universum eine besonders enge Beziehung zur Erde und damit zu den an diesen Tagen geborenen Menschen herstellt.

Die einzelnen Baumfelder sind mit den Anfangsbuchstaben des betreffenden Baumes gekennzeichnet.

## Liebe und Partnerschaft

### 2. 3. – 31. 3. Erste Dekade

Mit dem Geburtsdatum in der ersten Dekade des Haselnuss-Symbols ist man sehr gesellig, manchmal sogar vergnügungssüchtig. Trotzdem hat man auch Interesse an Literatur. Es kommt dabei auf das eigene Naturell an, inwieweit man sich hier Unterhaltung oder eine Wissenserweiterung sucht.

Im März geborene Haselnuss-Leute sind ganz sicher zu den Menschen zu zählen, die das gelöste, heitere Miteinander im Freundeskreis oder im kameradschaftlichen Verhältnis zu Berufskollegen suchen.

Mit der Partnerwahl haben sie meist keine Mühe. Man ist kontaktfreudig und gibt sich sehr natürlich. Damit fügt sich vieles wie von selbst. Vorsicht ist jedoch anzuraten, wenn es zu schnell funkt. Die Gefahr, dass man sich irrt, dass man sich von reinen Äußerlichkeiten zu schnell begeistern lässt, kann nicht ausgeschlossen werden.

Eine Blockierung durch negative kosmische Einflüsse, die im Monat März häufig zu verzeichnen ist, wird als äußerst unangenehm empfunden. Es kann sogar sein, dass eine bereits bestehende Beziehung aufgehoben wird, wenn die Stimmung und die seelische Verfassung auf den Nullpunkt sinken. Und die Energieschübe, die mit dieser Jahreszeit in Verbindung gebracht werden müssen, sind meist mit der Gefahr verbunden, dass jede ruhige Überlegung ausgeklammert wird.

Haselnuss-Leute der ersten Dekade sollten sich niemals von reinen Äußerlichkeiten beeinflussen lassen. Dann wird – mit dem sprichwörtlichen Glück, das sie haben – alles in ihrem Leben einen ganz normalen Verlauf nehmen.

## 24. 9. – 3. 10. Zweite Dekade

Bei der zweiten Dekade kommen die positiven Seiten des Haselnuss-Naturells voll zur Geltung.

Der Bereich, in dem sie sich alle ausgesprochen wohl fühlen, ist der der freundschaftlichen Beziehungen. Hier hat die zweite Dekade auch die meisten und schönsten Erfolge zu erwarten. Ihre verbindliche und sympathische Verhaltensweise erleichtert jeden Kontakt.

Doch nicht nur ein liebenswertes Verhalten ist mitgegeben. Immer wieder sorgen eine gewisse Unentschlossenheit und Oberflächlichkeit dafür, dass das Leben – wie für die meisten Menschen – eine schwierige Aufgabe ist, die so ihre Tücken aufweist und bewältigt werden muss.

Niemals werden Haselnuss-Leute der zweiten Dekade nahe stehende Menschen mit ihren Gefühlen überfahren. Man geht gerade so weit auf den Partner ein, wie dies für beide Teile zuträglich ist. Es ist klar, dass man sich mit dieser Verhaltensweise beliebt macht. Der unbedingte Drang, den anderen besitzen zu wollen, fällt bei Haselnuss-Frauen und -Männern weg.

Ihre sachliche Art wird häufig durch Humor aufgelockert, der ihnen jederzeit zur Verfügung steht. Diese unverbindliche Freundlichkeit allen gegenüber kann bei Menschen, die das falsch verstehen, aber auch Anlass für Gefühlsausbrüche sein. Gefühlsausbrüchen ist eine Haselnuss der zweiten Dekade jedoch kaum gewachsen.

Weil diesem Haselnuss-Naturell alle – oder doch viele – Türen offen stehen, besteht die Gefahr der Zersplitterung. Doch es ist kaum anzunehmen, dass sich dann niemand findet, der versucht, Ordnung in die Gefühlswelt der Haselnuss-Leute zu bringen.

# Harmonische Partnerschaften

**Haselnuss**
In der nachfolgenden Liste sind unter den Geburtsdaten der Haselnuss-Dekaden jeweils die Geburtstage eines möglichen Partners eingetragen.
Eine Partnerschaft innerhalb dieser Geburtsdaten verspricht ein angenehmes Miteinander. Man kann Verständnis füreinander aufbringen, auch wenn das Leben einmal nicht glatt verläuft oder unangenehme Zwischenfälle die Atmosphäre belasten. Es ist der Gleichklang des Grundverhaltens, der für Harmonie sorgt.

**Haselnuss – 1. Dekade, 22. 3. – 31. 3.**

| | |
|---|---|
| Zypresse – 2. Dekade | 26. 7. – 4. 8. |
| Pappel – 1. Dekade | 4. 2. – 8. 2. |
| Zeder – 2. Dekade | 14. 8. – 23. 8. |
| Kiefer – 1. Dekade | 19. 2. – 29. 2. |
| Haselnuss – 2. Dekade | 24. 9. – 3. 10. |
| Eberesche – 2. Dekade | 4. 10. – 13. 10. |
| Ahorn – 1. Dekade | 11. 4. – 20. 4. |
| Esche – 2. Dekade | 22. 11. – 1. 12. |
| Feigenbaum – 2. Dekade | 12. 12. – 21. 12. |

**Haselnuss – 2. Dekade, 24. 9. – 3. 10.**

| | |
|---|---|
| Zypresse – 1. Dekade | 25. 1. – 3. 2. |
| Pappel – 3. Dekade | 5. 8. – 13. 8. |
| Zeder – 1. Dekade | 9. 2. – 18. 2. |
| Haselnuss – 2. Dekade | 24. 9. – 3. 10. |
| Eberesche – 2. Dekade | 4. 10. – 13. 10. |
| Ahorn – 2. Dekade | 14. 10. – 23. 10. |
| Esche – 1. Dekade | 25. 5. – 3. 6. |
| Feigenbaum – 1. Dekade | 14. 6. – 23. 6. |

# Gesundheit

Es gibt im Haselnuss-Leben einen Unruhestifter, der immer dann in Erscheinung tritt, wenn das Element Feuer sich zu intensiv und dominierend bemerkbar macht.

Besonders die März-Dekade muss dann mit einem verstärkten Zärtlichkeitsbedürfnis rechnen, das sich zu einer blind ergebenen Liebe entwickeln könnte. Diese Empfindung wird nur vom Instinkt geleitet, einem Relikt aus einem uralten Überlebensverhalten. Sie aber leben jetzt und heute! Veraltete Reaktionen, ob bei Mann oder Frau, sind überholt und haben sich nicht bewährt.

Familiengebundenheit und Familieninteressen sind bei weiblichen Haselnuss-Geborenen eine Selbstverständlichkeit. Diese grundsolide Art hilft über manche Lebensschwierigkeiten hinweg. Für die eigenen Kinder ist dies von besonderem Vorteil.

Der starke Wille, der in Notsituationen für Besonnenheit sorgt, kann sich auch als Dickköpfigkeit bemerkbar machen, die der gesundheitlichen Verfassung nicht zuträglich ist. Migräne oder Kopfschmerzen sind meist die ersten Anzeichen, dass irgendetwas nicht so läuft, wie es dem Körper bekommt. Eine Grundregel sollte stets beachtet werden: Wenig Salz verwenden und besser mit Kräutern würzen.

Haselnuss-Damen wäre zu empfehlen, dass jegliche Übertreibung, insbesondere beim Sport, vermieden werden muss. Der Körper wird dadurch geschwächt und dort, wo er am empfindlichsten ist, antwortet er mit Schmerzen. Er macht darauf aufmerksam, dass etwas mehr Rücksicht genommen werden sollte!

# Eberesche

*1. 4. – 10. 4.*
*4. 10. – 13. 10.*

## Allgemeines

Beide Eberesche-Dekaden haben die Chance, sich zu Lebenskünstlern zu entwickeln.

Im April geborene Ebereschen streben nach Unabhängigkeit, die im beruflichen Bereich ermöglicht werden kann. Als sein eigener Chef, als Vorstand in einem Verein oder im Management eines Unternehmens fühlt man sich genau am richtigen Platz. Das Element Feuer sorgt für das nötige Durchsetzungsvermögen. Die für einen Führungsposten notwendige Härte steht den April-Geborenen damit jederzeit zur Verfügung.

Beide Dekaden, ob im Frühling oder im Herbst geboren, picken sich meist die Rosinen aus dem Lebenskuchen. Wille, Umsicht und Selbstbewusstsein, das von einem sozialen Empfinden geprägt ist, sind aus dem Leben einer Eberesche nicht wegzudenken.

Die erste Dekade versteht es recht gut, sich auch mit den Ellenbogen durchzusetzen. Im Vergleich dazu können die Oktober-Ebereschen als eher bescheiden und genügsam bezeichnet werden.

Ein unbeugsamer Wille ist beiden mitgegeben. Ihr Auftreten ist betont selbstsicher. Bei weiblichen Ebereschen der zweiten Dekade ist dieses Verhalten nicht ganz so ausgeprägt. Eine Prise Kaltschnäuzigkeit würde es ihnen ersparen, sich gar zu nachgiebig zu zeigen. Vor allem sollten sie überlegt handeln, wenn man sie um finanzielle Hilfe bittet.

Zuverlässig und treu sind beide Dekaden. Erwarten Sie sich aber von den April-Ebereschen keine romantischen Liebesbeteuerungen oder begeisterte Bewunderung.

Angenehme Lebensphasen sind für Eberesche-Leute keineswegs selten. Es können sich tatsächlich Möglichkeiten ergeben, völlig neue, ausgefallene Ideen zu realisieren, die sich sogar zu Geld machen lassen. Sollten Bedenken auftauchen, dass bei derartigen Vorhaben zu viel Mut und zu viel Unternehmungsgeist erforderlich sind, so wäre nur zu hoffen, dass sich Leute finden, die Ihnen zur Seite stehen und eventuell auch mit Geldmitteln unter die Arme greifen.

Im April geborene Ebereschen haben mit dem Element Feuer einen Unternehmergeist mitbekommen, der auch für außergewöhnliche Vorhaben die beste Basis ist, um erfolgreich zu sein. Eine gewisse unerbittliche Härte gegen sich selbst ist ebenfalls recht hilfreich.

Gehen Sie trotz angestrengter Arbeit unter die Leute. Sehen Sie sich einen Film oder ein Theaterstück an. Neue Gesichter, neues Erleben, neue Eindrücke bringen die für Sie so notwendige Abwechslung.

Distanzieren Sie sich von der negativen Beurteilung, die Sie eventuell aus der Familie zu erwarten haben, wenn sich eine neue Partnerschaft anbahnt. Ist Ihnen ein Mensch in jeder Hinsicht sympathisch, ist die Meinung der Familie ohne Bedeutung.

Jedes neue Jahr ist für Ebereschen ein hoffnungsvoller Anfang. Sie sind alle überzeugte Optimisten und erwarten sich stets ausgezeichnete berufliche Erfolge. Selbstverständlich sollten sie auch dem eigenen Fleiß und der eigenen Begabung zu verdanken sein! Ständiges eifriges Streben ist die Folge und trägt dazu bei, dass die Zukunft gesichert ist. Auch wenn nur ihr Unterbewusstsein davon überzeugt ist, sie halten sich instinktiv daran, dass ihr zielbewusstes Streben über ein besonderes Fundament verfügt.

Tagsüber geborene Ebereschen können damit rechnen, dass es in ihrem Leben immer wieder Chancen gibt, die auch ihre hohen Ansprüche im Privatleben zufrieden stellen.

Ihre körperlichen Kräfte sind jedoch nicht uneingeschränkt

belastbar. Gewöhnen Sie sich ab, alles selbst erledigen zu wollen. Lassen Sie auch die anderen einmal etwas tun. Im Sommer fließen Ihnen allerdings stets besondere Energien zu. Diese halten Sie bei ausgezeichneter Laune und festigen Ihr seelisches Gleichgewicht.

Der Beruf ist bei nachtgeborenen Ebereschen häufig nur Mittel zum Zweck. Vorwärtsstreben und Weiterentwicklung sind das Motto für viele Menschen mit den Geburtsdaten des Oktobers. Am wohlsten fühlen sie sich in unabhängigen Berufen, die ihrer Grundveranlagung freien Raum lassen und die angeborene Wesensart voll zur Entfaltung bringen.

Ist die Auflösung einer Beziehung vorgesehen und eine neue Bekanntschaft schon in Sicht, so entscheiden sie alles Weitere ganz allein. Besonders männliche Ebereschen fühlen sich gerne als alleinige Gestalter ihres Schicksals.

Lustlose Gleichgültigkeit ist während einiger Wochen der Monate Mai, Juni und Juli nicht ausgeschlossen. Machen Sie sich deshalb nur nicht zu viele Sorgen. Es handelt sich um Phasen, die mit der unerklärlichen Intensität kosmischer Energien in Zusammenhang stehen. Häufig sind diese Zeitspannen mit Vorstellungen belastet, die Eberesche-Leute normalerweise weit von sich weisen. Es ist vermutlich der erotische Bereich, der sich ungebetenerweise so drastisch in das Eberesche-Leben drängt.

Berufliche, geschäftliche Interessen sind dann auf dem Nullpunkt angelangt. Auch die Familie bringt nicht das, was man von ihr gewohnt ist und was so hilfreich sein könnte. Herzlichkeit, Anteilnahme, Zuspruch – nichts zu erwarten!

Grämen Sie sich nicht, denn auch andere Menschen leiden gelegentlich unter negativen Energien und verhalten sich dementsprechend.

Es wäre zu begrüßen, wenn Sie etwas Neues ins Auge fassen würden, während Sie so ganz auf sich alleine gestellt sind. Ob im Beruf oder im Privatbereich, es ist eine gute Möglichkeit, sich aus den Niederungen einer negativen Lebensphase herauszuholen.

Haben Sie besonderes Interesse an einer schönen Frau oder einen »Traummann« im Visier, mobilisieren Sie Ihr Selbstbewusstsein. Vielleicht wäre hier auch ein diplomatisches Vorgehen angebracht.

Haben Sie finanzielle Probleme, muss Ihnen eine passable Lösung einfallen. Die einfachste: Geben sie weniger Geld aus!

Sollten Sie mit Ihrem derzeitigen Verhalten anecken, macht das gar nichts. Kann man es den Leuten immer recht machen? Kommen nach tristen, dunklen Tagen wieder Ihre wahren Qualitäten zum Vorschein, wird sich das Umfeld schnell wieder von der angenehmsten Seite zeigen.

Mit den Herbstmonaten kommen Eberesche-Leute beider Dekaden wieder zur Ruhe. Ihre Verhaltensweise ist dann wieder so angenehm, wie man das bei ihnen gewohnt ist, mit dem Hauptaugenmerk auf beruflichen Erfolgen. Damit sind auch keine Vorkommnisse mehr zu erwarten, die sie nervös machen.

Ist die unerfreuliche Phase überwunden, suchen Sie möglichst umgehend wieder den Kontakt zu guten Freunden.

Die beruhigende Tendenz, die jetzt deutlich spürbar wird, ist für künstlerisch Schaffende eine wahre Wohltat. Was nur in Ruhe reifen kann, sollte jetzt begonnen werden. Ein Bild, das fertig gemalt werden muss, ein Studium, das endlich wieder interessant für Sie wird, das alles bietet Aussicht darauf, dass sich Zufriedenheit und Genugtuung einstellen.

Der Energiezuwachs aus dem Element Feuer wird in den Monaten Juli, September und Oktober etwas eingedämmt. Damit ist zusätzlicher materieller Gewinn nicht zu erwarten.

Das für die im Oktober geborenen Ebereschen zuständige Element Luft ist meist nur kurzzeitig wirksam. Es hat den Vorzug, dass nichts als weltbewegend angesehen wird.

Für sehr junge Eberesche-Leute ist es wichtig, sie zur Rücksicht auf das eigene Ich anzuhalten. Raubbau an der Gesundheit kann in jungen Jahren sicher noch verkraftet werden, ab dem 50. Lebensjahr macht sich diese Vernachlässigung jedoch gravierend bemerkbar.

# Konzentrierte Sonnenenergie für meinen Baum

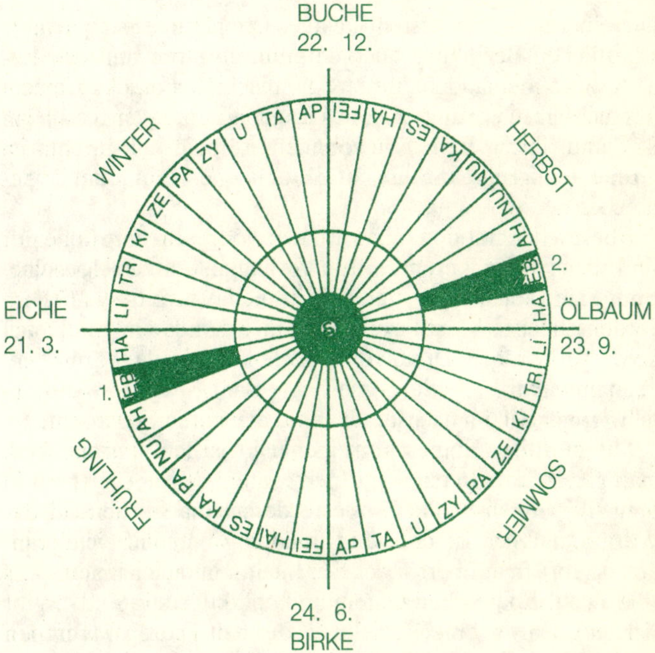


Der markierte schmale Abschnitt zeigt die Position Ihres Baumes innerhalb der vier Jahreszeiten an. Die zu diesem Zeitpunkt wirksame Sonnenenergie ist ein kosmischer Einfluss, durch den das Universum eine besonders enge Beziehung zur Erde und damit zu den an diesen Tagen geborenen Menschen herstellt.

Die einzelnen Baumfelder sind mit den Anfangsbuchstaben des betreffenden Baumes gekennzeichnet.

## Liebe und Partnerschaft

### 1. 4. – 10. 4. Erste Dekade

Die Eberesche der ersten Dekade kämpft in einer partnerschaftlichen Beziehung auch dann um ihre persönliche Freiheit, wenn niemand sie ihr streitig macht. Schon der kleinste Versuch, sie in ein ungewohntes Schema zu pressen, das ihrem Stil und ihren Lebensgewohnheiten nicht entspricht, ist Grund genug, eine in Aussicht genommene Verbindung abzubrechen.

Ebereschen mit den Geburtsdaten vom 1. bis zum 10. April sind trotz ihrer betonten Eigenwilligkeit äußerst gesellig. Einige sind sogar richtiggehend vergnügungssüchtig.

Menschliche Wärme zeigt sich in besonderem Maße bei den Taggeborenen. Diese von Herzen kommende Wärme und Teilnahme wird allerdings meist nur dann spürbar, wenn ein schwieriger Fall im nächsten Umfeld es erforderlich macht.

Mit dem allen Ebereschen eigenen logischen Verstand weiß man genau, dass in einer Partnerschaft, die eine Gleichschaltung aller Lebensbedürfnisse erforderlich macht, menschliche Wärme, die sich beschützend, mildtätig und hilfreich zeigt, den Anspruch auf persönliche Freiheit unmöglich macht.

Obwohl Ebereschen allgemein kontaktfreudig sind, ergibt sich nur schwer eine Beziehung, die den ganzen Menschen vereinnahmt. Ist man auch nur von den kleinsten Zweifeln geplagt, dass eine in Aussicht genommene Partnerschaft in bestimmten Situationen in Frage gestellt sein könnte, zieht man sich als Eberesche der ersten Dekade lieber in das Alleinsein zurück. Meist sind es die Eberesche-Herren, die sich dem Risiko nicht aussetzen wollen.

Erst in einem Alter von abgeschlossenen viermal sieben Jahren sind Charakterfestigkeit und Pflichtgefühl stark genug ausgeprägt, dass andere Mängel in Kauf genommen werden können.

## 4. 10. – 13. 10. Zweite Dekade

Es ist ein harmonischer Menschenschlag, der in diesem Zeitraum geboren ist. Als Minus ist eine gewisse Unentschlossenheit zu erwähnen, mit der allerdings auch gute Gelegenheiten ausgelassen werden.

Der sachliche Ton in ihrer Wesensart ist nicht jedermanns Sache. Doch die leichte und luftige Art, über Schwierigkeiten des Lebens hinwegzukommen, macht sie überall beliebt. Lebenskünstler mag man, das leuchtet jedem ein!

Als Eberesche der zweiten Dekade hat man generell eine glückliche Hand in Besitzangelegenheiten. Meist ist es nicht einmal notwendig, sich besonders darum zu bemühen!

In Liebesangelegenheiten zeigt man sich großzügig. Man wird unter einer Untreue des Partners nicht extrem leiden.

Es gibt für Ebereschen mit den Geburtsdaten 4. bis 13. Oktober immer eine Möglichkeit, Unangenehmes so zurechtzubiegen, dass alle Beteiligten zufrieden sind.

Ihre Herzlichkeit ist niemals gespielt. Diese angenehme Verhaltensweise bringt ihnen viele Freundschaften ein.

Bei einem Partner mit einem Baumsymbol aus dem Element Wasser wird eine Eberesche jedoch einen etwas schwierigen Stand haben. Dieser Typ liegt ihr nicht, auch wenn die erotische Anziehung eine Rolle spielen sollte.

Ebereschen der zweiten Dekade sind leichtlebig und kaum nachtragend. Ihr Auftreten ist keineswegs demonstrativ, doch Zuverlässigkeit und eine gewisse solide Art sind ihnen allen eigen.

Wenn es neben den angenehmen Seiten, die das Leben bietet, auch Pflichten gibt, die nicht so angenehm sind, so nimmt man den Standpunkt eines Kindes ein: Das Leben ist Freude und Pflicht eine Begleiterscheinung, die hingenommen werden muss, aber keineswegs als Aufgabe akzeptiert wird.

Wie bereits erwähnt, sie sind Lebenskünstler, die Ebereschen der zweiten Dekade.

# Harmonische Partnerschaften

**Eberesche**
In der nachfolgenden Liste sind unter den Geburtsdaten der Ebersche-Dekaden jeweils die Geburtstage eines möglichen Partners eingetragen.
Eine Partnerschaft innerhalb dieser Geburtsdaten verspricht ein angenehmes Miteinander. Man kann Verständnis füreinander aufbringen, auch wenn das Leben einmal nicht glatt verläuft oder unangenehme Zwischenfälle die Atmosphäre belasten. Es ist der Gleichklang des Grundverhaltens, der für Harmonie sorgt.

**Eberesche – 1. Dekade, 1. 4. – 10. 4.**

| | |
|---|---|
| Zypresse – 2. Dekade | 26. 7. – 4. 8. |
| Pappel – 3. Dekade | 5. 8. – 13. 8. |
| Zeder – 2. Dekade | 14. 8. – 23. 8. |
| Haselnuss – 1. Dekade | 22. 3. – 31. 3. |
| Ahorn – 1. Dekade | 11. 4. – 20. 4. |
| Esche – 2. Dekade | 22. 11. – 1. 12. |
| Hainbuche – 2. Dekade | 2. 12. – 11. 12. |
| Feigenbaum – 2. Dekade | 12. 12. – 21. 12. |

**Eberesche – 2. Dekade, 4. 10. – 13. 10.**

| | |
|---|---|
| Zypresse – 2. Dekade | 26. 7. – 4. 8. |
| Pappel – 2. Dekade | 1. 5. – 14. 5. |
| Zeder – 1. Dekade | 9. 2. – 18. 2. |
| Kiefer – 1. Dekade | 19. 2. – 29. 2. |
| Haselnuss – 2. Dekade | 24. 9. – 3. 10. |
| Ahorn – 2. Dekade | 14. 10. – 23. 10. |
| Esche – 1. Dekade | 25. 5. – 3. 6. |
| Feigenbaum – 1. Dekade | 14. 6. – 23. 6. |
| Ölbaum | 23. 9. |
| Hainbuche – 1. Dekade | 4. 6. – 13. 6. |

## Gesundheit

Ihre kosmischen Werte sind in den Monaten Februar, April, Mai und Oktober als sehr zufriedenstellend zu bezeichnen. Aber natürlich sind dies nicht die einzigen Wochen und Tage, an denen Sie nichts auszusetzen haben.

Ihr manischer Fleiß in einem Beruf, der Ihnen Spaß macht und Ihren Fähigkeiten entspricht, wird allerdings nicht ohne schädigende Auswirkungen bleiben. Eine etwas gemächlichere Arbeitsweise würde Ihnen wesentlich besser bekommen. Vor allem der Bereich Ihrer Nerven hat Nachteile zu erwarten, sofern Sie sich nicht genügend Ruhe gönnen und den ganzen Tag unter Volldampf stehen.

Seit Generationen weiß man von der magnetischen Kraft des Mondes, die Störungen und Unbehagen auslösen kann. Das Eberesche-Naturell ist zeitweise diesen Mondenergien hilflos ausgeliefert. Lebensgewohnheiten, die eigene Entscheidungsfreiheit beschneiden, sollten vermieden werden.

Eberesche-Geborene haben jedoch ein gesundes Selbstbewusstsein mitbekommen. Das Besinnen auf das eigene Ich ist damit jederzeit möglich. Ein Lebensgefühl, das sich auf eine gesunde Konstitution verlassen kann, ist niemals in Gefahr, sich zum Sklaven anderer Leute zu machen, auch nicht vom »wässrigen Element«, das dem Mond zugeordnet ist.

Ab und zu artet ein innerer Widerstand in Aggressionen aus, die deutlich zeigen, dass sich der Körper gegen Fremdeinflüsse zu wehren beginnt. Etwaige Eingriffe gegen diese Trotzreaktionen sind unbedingt zu unterlassen. Vegetative Störungen wären die Folge.

# Ahorn

*11. 4. – 20. 4.*
*14. 10. – 23. 10.*

## Allgemeines

Die lebhafte Tendenz, die Ahorn-Leute in ihrem Leben meist erwartet, ob sie nun im April oder im Oktober geboren wurden, liegt ihrem Temperament recht gut. Ihr wacher Geist, über den sie zeitlebens verfügen, sorgt dafür, dass berufliche und private Interessen nie zu kurz kommen.

Alle technischen Berufe sind für den Ahorn-Typ besonders gut geeignet. Auch in der Politik können Ahorne sich zu einem As entwickeln. Sie bringen nicht nur ein reges Interesse an Regierungsgeschäften mit, sie haben auch eine gewisse draufgängerische Art, die in diesem Metier gut zu gebrauchen ist. Die motorische Kraft liegt beiden Dekaden sozusagen im Blut.

Für ein ganz normales Schicksal ist ein Übermaß an Energie allerdings weniger empfehlenswert. Zerbrechen Sie sich nicht den Kopf, wenn Zweifel aufkommen, ob Sie mit Ihrem Beruf richtig liegen. Mit diesen Geburtsdaten sind Fehlschläge so gut wie ausgeschlossen. Wichtig ist jedoch immer, sich von Zeitgenossen zu trennen, die Ihnen oder denen Sie nicht liegen.

Ahorn-Damen fühlen sich auch in sogenannten Männerberufen wohl. Keine Sorge, Sie werden deshalb nicht gleich als Mannweib eingestuft. In jedem Ahorn-Geborenen schlägt ein warmes, mitfühlendes Herz. Man kann also leicht darüber hinwegsehen, dass auf eine typisch weibliche Verhaltensweise verzichtet wird.

Ahorn-Leute sind dazu prädestiniert, Halt für andere Leute zu sein. Unter den Fittichen von Ahorn-Damen kann man sich jederzeit wohl fühlen.

Ihr Image bewegt sich im Glanz besonders freundlicher Sonnenenergien. Die kleinen, üblichen Behinderungen stören sie wenig. Ahorn-Leute haben ein robustes Abwehrsystem mitbekommen. Außerdem besitzen sie einen enormen Optimismus, der sich ab und zu in recht drastischer Form zu erkennen gibt. Auch im Privatleben ist dafür gesorgt, dass sich ihnen Türen öffnen, die vielen anderen verschlossen bleiben.

Amor hat bei ihnen allen einen festen Platz, auch wenn nicht behauptet werden kann, sie ließen sich von dem kleinen Gott der Liebe vereinnahmen. Er setzt da und dort Lichtreflexe – das genügt den realistisch denkenden Ahorn-Leuten.

Die extrem sachliche Einstellung der ersten Dekade im Zusammenhang mit der Liebe hält sie leider häufig davon ab, sich in wirklich romantische Erlebnisbereiche zu begeben. Sicher, die Liebe ist auch für Ahorn-Damen wie -Herren die wunderbarste Sache der Welt, doch erst die menschliche Phantasie, über die kein anderes Geschöpf dieser Erde verfügt, kann die Liebe zum wirklich großen Ereignis machen.

Die Pflicht, der Beruf, die Arbeit machen ihnen allen wenig Kopfzerbrechen oder gar Sorgen. Lediglich die Missgunst von Kollegen geht ihnen an die Nieren. Ahorn-Leute haben jedoch die Möglichkeit, sich davon schnell zu distanzieren und den richtigen Standpunkt einzunehmen: »Es ist nicht mein Verschulden, wenn andere nicht ohne Groll und Neid an meinem Glück vorbeigehen können.«

Die Sommermonate sind meist ohne große Störungen. Es ergeben sich keine Höhepunkte, aber auch keine Krisen. Ein Urlaub in diesem Zeitabschnitt wird für sie immer eine erfreuliche Angelegenheit sein. Nur betont introvertierte Ahorn-Leute – man kann sie an den fünf Fingern einer Hand abzählen – fühlen sich im Getümmel eines Urlaubsparadieses nicht wohl.

Die Zeit der Herbst- und Wintermonate ist für Sie die beste innerhalb eines Jahres. Besinnliche Stunden und nachdenkliche Tage helfen dann, sich im Stress der Aktivitäten wieder zurechtzufinden.

Einfallsreichtum und ein klares Urteilsvermögen sind Ihre hervorragendsten Eigenschaften, auch wenn Sie zu den ganz normalen Ahorn-Leuten gehören. Auch Öffentlichkeitsarbeit liegt Ihnen. Sie wissen immer genau, was Sie wollen und wie Sie es wollen. Damit ist die Zufriedenheit mit dem auferlegten Schicksal gesichert.

Die introvertierten Ahorn-Damen und -Herren haben zwar Seltenheitswert, doch sie sind immer in der Lage, aus ihrem Unterbewusstsein Impulse zu empfangen, die genau das Richtige suggerieren. Private Kontakte sind für sie alle wichtig. Ohne die Begegnung mit liebenswerten Menschen fühlen sie sich »wie ein Fisch auf dem Trockenen«.

Haben Sie unter dem Einfluss negativer kosmischer Strömungen zu leiden, ist dies immer nur eine vorübergehende Sache. Ein Miteinander, nicht ein Nebeneinander bringt eine Atmosphäre, die Ihnen behagt und zeigt, wo die Lichtblicke des Lebens zu finden sind.

Auch Ahorn-Leute mögen es, wenn man auf sie zukommt und bereit ist, mit ihnen ein paar freundliche Worte zu wechseln. Ein versöhnlicher Umgang ist für sie alle eine höchst erfreuliche Sache, auch wenn sie das nicht immer wahrhaben wollen. Gemeinsame Unternehmungen mit sympathischen Menschen, vielleicht auch mit Kollegen, reduzieren ihr Distanzverhalten.

Das Thema Liebe und Partnerschaft gewinnt an Wert, wenn die Monate April, Juli, August und die ersten drei Wochen im Dezember mit dem Element Feuer im Kalender stehen. Feuer, dieses dominierende Element, sorgt für Aktivität und Initiative. Klar, dass damit auch die Liebe aktiviert wird.

Die Gunst von Gott Amor sollte nie als Nebensache betrachtet werden. Freuen Sie sich über Sonderzuwendungen aus diesem Bereich. Sie sollten vorbehaltlos alles genießen und sich auch an Kleinigkeiten freuen. Das ist ein wunderbares Heilpflaster für das Ungemach des Lebens.

Verzögernde Tendenzen, die im Familienleben das harmonische Miteinander in Frage stellen, sollten nicht dazu führen, dass Sie sich völlig isolieren. Erst dann sind Vorwürfe berechtigt, wenn es Ihrem Verhalten zuzuschreiben ist, dass alles auf der Strecke bleibt.

Werden die Energie-Einflüsse aus dem Kosmos einmal auch für Ahorn-Geborene kritisch, sind sie davon nicht so negativ beeindruckt, dass sie nur noch schlechte Laune zeigen.

Fällt Ihr Geburtsdatum in die erste Ahorn-Dekade, bekommen Sie auch vom Mond keine Unterstützung. Hingabe und Zärtlichkeit zählen dann nicht zu Ihren hervorstechenden Eigenschaften. Kein guter Ausgangspunkt für Liebesangelegenheiten! Sie haben jedoch anderweitige Qualitäten, die versöhnlich stimmen.

Solche Schwingungen, die Ihre Reaktionen in eine ganz bestimmte Richtung drängen, sind nicht grundlegend zu beeinflussen. Man kann sich aber darauf einstellen und sich selbst erziehen. Ein verärgerter und nicht mehr ansprechbarer Partner ist auch für Ahorn-Leute Grund genug, sich anders zu besinnen.

Für Ahorn-Damen ist es durchaus möglich, besonders wenn sie nachts (6 Uhr abends bis 6 Uhr morgens) geboren sind, sich im Umfeld eines männlichen Partners absolut wohl zu fühlen. Doch Vorsicht, auch damit sind Gefahren nicht ausgeschlossen. Sie könnten von einem fremden Willen zurechtgebogen werden. Für jeden Ahorn-Typ, ob weiblich oder männlich, wäre dies eine mittlere Katastrophe. Dressurakte dieser Art sind eine höchst fragwürdige Angelegenheit. Mit der privaten Abhängigkeit nimmt dann meist auch das berufliche Engagement rapide ab. Als Liebe kann man dies dann wirklich nicht mehr bezeichnen!

# Konzentrierte Sonnenenergie für meinen Baum

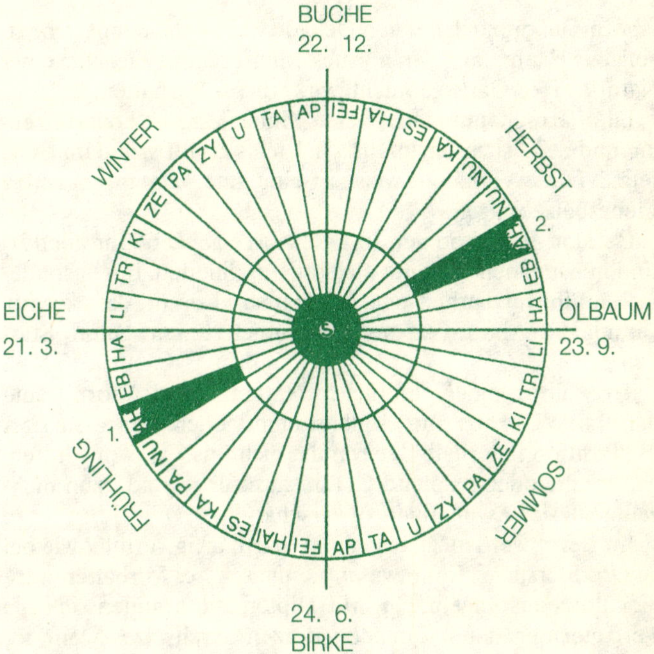


Der markierte schmale Abschnitt zeigt die Position Ihres Baumes innerhalb der vier Jahreszeiten an. Die zu diesem Zeitpunkt wirksame Sonnenenergie ist ein kosmischer Einfluss, durch den das Universum eine besonders enge Beziehung zur Erde und damit zu den an diesen Tagen geborenen Menschen herstellt.

Die einzelnen Baumfelder sind mit den Anfangsbuchstaben des betreffenden Baumes gekennzeichnet.

## Liebe und Partnerschaft

### 11. 4. – 20. 4. Erste Dekade

Ahorn-Geborene der ersten Dekade weisen die temperamentvollsten Exemplare der Spezies Mensch auf. Wie von einer Naturkraft in Gang gebracht, wirkt dieses Verhalten.

Die Partnerwahl macht keine Mühe. Man ist kontaktfreudig und zeigt sich sehr natürlich. Vieles ergibt sich damit von selbst. Diese Verhaltensweise ist eine gute Ausgangsbasis für Liebesbeziehungen.

Bei den Taggeborenen (6 Uhr morgens bis 6 Uhr abends) sind künstlerische Talente nicht auszuschließen. Ein besonderes Gefühl für Farben und Formen sorgt dafür, dass kreativ veranlagte Ahorn-Geborene beruflich einen guten Start haben.

Trotz ihres leidenschaftlichen Naturells sind Ahorn-Leute der ersten Dekade mimosenhaft empfindlich. Vor allem darf die Position innerhalb der Familie nicht ins Wanken geraten. Natürliche oder gespielte Gefühlsausbrüche sind dann nicht geeignet, sich Sympathien zu verschaffen.

Im Beruf werden Ziele genauso hartnäckig verfolgt wie bei der Partnersuche. Ein etwas diplomatischeres Verhalten wäre hier durchaus angebracht. Mit Diplomatie könnten sich die Vertreter der ersten Dekade jederzeit durchsetzen, denn sie sind durchweg wirkliche Siegertypen, die meist anerkannt, ja sogar geliebt werden.

Vom Partner wie auch vom gesamten Umfeld wird stets Anerkennung erwartet. Genussfreudig und mit einem unerhörten Selbstvertrauen ausgestattet, befinden sich Ahorn-Geborene immer auf der Sonnenseite des Lebens. Und so zeigt sich das Schicksal selten abgeneigt, einen guten Verlauf zu nehmen.

## 14. 10. – 23. 10. Zweite Dekade

Ahorn-Damen und -Herren der zweiten Dekade sind stets die erklärten Lieblinge ihres gesamten Umfeldes. Liebenswürdigkeit und ein besonderer Charme sind Eigenschaften, die ihnen einfach angeboren sind.

Bei der Partnerwahl stehen ihnen meist alle Türen offen. Nur bei bestimmten Typen können sie sich nicht durchsetzen. Meist sind es die Januar-Geborenen, bei denen ihr Naturell nicht gut ankommt.

Die mitgegebenen Talente sind äußerst günstig für künstlerische Berufe. Gestaltungskraft und Formgefühl sind das auslösende Moment für zum Teil Aufsehen erregende Erfolge.

In partnerschaftlichen Beziehungen nimmt die Treue eine dominierende Stellung ein. Kein Ahorn-Typ der zweiten Dekade ist leichtlebig. Alle strahlen eine Zuverlässigkeit aus, die bei dem Versuch, sich einen Lebenspartner zu sichern, ein großer Pluspunkt sein kann. Hierzu kommt in manchen Fällen noch eine besondere Opferbereitschaft, die leider auch selbstsüchtige Menschen anlocken kann.

Neben diesen positiv zu wertenden Eigenschaften ist noch eine besondere Freude an Spiel und Unterhaltung vorhanden, die diesem Ahorn-Naturell eine Note verschafft, die andere zu falschen Schlüssen verleiten kann. Ein völlig unverbindliches Entgegenkommen wird dann von manchen Menschen zu ernst genommen.

Eine Eigenart sollte nicht unerwähnt bleiben: Heimliche Liebesverbindungen sind bei der zweiten Dekade unter den 21 Baumarten am häufigsten zu verzeichnen.

# Harmonische Partnerschaften

**Ahorn**

In der nachfolgenden Liste sind unter den Geburtsdaten der Ahorn-Dekaden jeweils die Geburtstage eines möglichen Partners eingetragen.

Eine Partnerschaft innerhalb dieser Geburtsdaten verspricht ein angenehmes Miteinander. Man kann Verständnis füreinander aufbringen, auch wenn das Leben einmal nicht glatt verläuft oder unange-nehme Zwischenfälle die Atmosphäre belasten. Es ist der Gleichklang des Grundverhaltens, der für Harmonie sorgt.

**Ahorn – 1. Dekade, 11. 4. – 20. 4.**

| | |
|---|---|
| Zypresse – 2. Dekade | 26. 7. – 4. 8. |
| Pappel – 3. Dekade | 5. 8. – 13. 8. |
| Zeder – 2. Dekade | 14. 8. – 23. 8. |
| Haselnuss – 1. Dekade | 22. 3. – 31. 3. |
| Eberesche – 1. Dekade | 1. 4. – 10. 4. |
| Ahorn – 1. Dekade | 11. 4. – 20. 4. |
| Esche – 1. Dekade | 25. 5. – 3. 6. |
| Hainbuche – 2. Dekade | 2. 12. – 11. 12. |
| Feigenbaum – 2. Dekade | 12. 12. – 21. 12. |

**Ahorn – 2. Dekade, 14. 10. – 23. 10.**

| | |
|---|---|
| Zypresse – 1. Dekade | 25. 1. – 3. 2. |
| Pappel – 2. Dekade | 1. 5. – 14. 5. |
| Zeder – 1. Dekade | 9. 2. – 18. 2. |
| Kiefer – 1. Dekade | 19. 2. – 29. 2. |
| Haselnuss – 2. Dekade | 24. 9. – 3. 10. |
| Eberesche – 2. Dekade | 4. 10. – 23. 10. |
| Esche – 1. Dekade | 25. 5. – 3. 6. |
| Feigenbaum – 1. Dekade | 14. 6. – 23. 6. |
| Ölbaum | 23. 9. |

## Gesundheit

Das Hinnehmen und Ertragen von kleineren und größeren Schwierigkeiten ist für Ahorn-Geborene der Weg des geringsten Widerstandes und deshalb akzeptabel. Dieser einfache Weg sollte sich jedoch auf wenige Bereiche beschränken. Man kann nicht konservativ am Althergebrachten festhalten und sich zugleich dem modernen Leben öffnen, ohne damit dem eigenen Wohlbefinden zu schaden.

Das Festhalten an Gewohnheiten, meist schon von der Familie übernommen, kann sich hier zu einer gewissen Sturheit entwickeln. Die Atemwege lassen sich das nicht ohne Rebellion gefallen.

Jähzornausbrüche, selten aber heftig, werden mit Halsschmerzen quittiert!

Im Grunde ihres Herzens wollen sich Ahorn-Frauen wie -Männer nicht verändern. Man fühlt sich durchaus wohl, so wie man ist und wie das Umfeld auf das Ahornverhalten eben reagiert.

Zunächst sagt man also stets nein zu allem, was der eigenen, gemächlichen Verhaltensweise suspekt erscheint. Wird diese Abneigung gegen neue Verhaltensnormen nur in beschränktem Maße angenommen oder nicht akzeptiert, könnte das Depressionen auslösen, die ein Ahorn-Geborener still für sich erträgt. Realitätsbezogenheit ist dann die einzige Möglichkeit, die ihn davor bewahrt, sich alten Vorstellungen zu ergeben.

Eine gewisse Bequemlichkeit steht bei Ahorn-Leuten in krassem Gegensatz zu ihrem Gefühl für Selbstverantwortlichkeit.

Ein bewährtes Mittel ist immer, die Gemeinschaft mit Leuten zu pflegen, die einem in ihrer Art sympathisch sind. Was nicht heißt, dass sie unbedingt der Wesensart eines Ahorn-Geborenen ähnlich sein müssen.

# Nussbaum

*21. 4. – 30. 4.*
*24. 10. – 11. 11.*

## Allgemeines

Es braucht schon Superlative, um ein Bild zu entwerfen, das der Wesensart der beiden Nussbaum-Dekaden entspricht. Sie sind durchwegs lebensbejahende Geschöpfe und in ihrer Bestform tatsächlich selbst ein Stück unverfälschte Natur.

Die ersten Blüten in der Natur, die Farbenvielfalt, die sich in einem leuchtenden Gelb, einem Veilchenblau und vereinzelt schon in zarten Rottönen zeigt, entsprechen der sehr temperamentvollen Wesensart der ersten Nussbaum-Dekade.

Die Vorfrühlingsphase macht sie zu wahren Energiebündeln. Besonders erfreulich ist dabei, dass sie mit einer Geduld ausgestattet sind, die bei diesem Temperament in Erstaunen versetzt.

Gewaltsame Veränderungen wie Kündigungen im Beruf oder Trennungen in Partnerschaften können Nussbaum-Leute beider Dekaden dagegen regelrecht krank machen.

Mit ihrer eisernen Entschlossenheit sind sie selten der Liebling der Familie. Nussbaum-Damen und -Herren empfinden dies als eine Bürde, an der sie schwer zu tragen haben. Sie selbst sehen sich nämlich als besonders teilnehmend und besorgt am Schicksal nahestehender Menschen.

Die Liebe spielt in ihrem Leben ganz sicher keine untergeordnete Rolle. Bedauerlicherweise werden sie damit nicht immer ernst genommen. Sie haben nämlich eine recht antiquierte Vorstellung von Liebe, von ihren Empfindungen und Möglichkeiten. Ihre Einstellung ist wie ein Abglanz aus uralten Zeiten, als Liebe noch als eine göttliche Gabe galt!

Die Familie gibt häufig Anlass zum Widerspruch. Doch Nussbaum-Leute beider Dekaden wissen genau, dass auf Hilfe kaum gezählt werden kann, wenn kritische Geschehnisse das Leben schwer machen. Die Empfehlung liegt nahe: Behalten Sie alles, was sie innerlich heftig berührt, für sich. Ihre Seele ist stark genug, um auch schwere Bürden alleine zu tragen.

Besondere Pluspunkte sind zu erwarten, wenn sich gute Freunde bereit erklären, bei Problemen mit Rat und Tat behilflich zu sein. Die Bezeichnung »Freunde« ist dabei für die Nussbaum-Leute der ersten Dekade eigentlich nicht ganz angemessen. Es ist schon als Seelenverwandtschaft zu bezeichnen, wenn sich einmal ein wirklich guter Kontakt ergibt.

Fehler und Schwächen der Mitmenschen werden registriert, aber kaum einmal zum Vorwurf gemacht. Es ist dieses Fingerspitzengefühl, das sich bei beiden Dekaden so positiv bemerkbar macht.

Sie sind alle in der Lage, aus dem Vollen zu schöpfen. Sie können aber auch bis an die unterste Grenze des Möglichen gehen, sofern einmal die Mittel so knapp sind, dass nur noch Brot und Suppe auf dem Speisezettel stehen. Über ein Nussbaum-Naturell kann das Schicksal tatsächlich seine ganzen Gaben, aber auch sein ganzes Leid ausgießen. Es lässt sich weder von dem einen beeindrucken noch von dem anderen in die Knie zwingen.

Beide Dekaden bekommen in gewissen Phasen ihres Lebens eine Tendenz zu spüren, die zu völlig neuen Erkenntnissen führen kann. Es sind kosmische Energien, die positive und zugleich negative Möglichkeiten auslösen. Ob im April oder im Herbst geboren, man versetzt damit das gesamte Umfeld in Erstaunen. Empfehlenswert ist dann, sich nicht auch noch eine extrem elitäre Note zuzulegen.

Kritik und massive Einwände vertragen beide Dekaden nicht. Sie alle gehören zu den klugen Leuten, aber sie werden schnell ungerecht, sobald sie mit Gegenargumenten nervös gemacht werden.

Zu irgendeiner Zeit, meist in der zweiten Lebenshälfte, ergeben sich besondere Möglichkeiten zu grundlegenden Veränderungen. Der private Bereich kann davon ebenso berührt sein wie der berufliche.

Bei den Kelten galt die zweite Dekade (24. Oktober bis 11. November) als die Zeit der Jahreswende. Der 1. November war der Neujahrstag, die vorausgehenden und nachfolgenden Tage waren kultischen Weihehandlungen vorbehalten.

Es ist sehr wahrscheinlich, dass der totale Umbruch im Naturgeschehen den Ausschlag für diese Terminierung gab und Anlass war für die von den Druiden, der Elite der Kelten, inszenierten Feierlichkeiten.

Der deutliche Hinweis auf die von der Natur vorgesehene Beendigung eines Zeitabschnitts und das (für menschliche Augen noch nicht sichtbare) neue Werden weist eine Ähnlichkeit mit den schicksalhaften Ereignissen im Leben eines Menschen auf, der vom Nussbaum-Symbol geprägt ist.

Recht gemäßigt zeigen sich die Monate, in denen die Erde tonangebendes Element ist. Nichts, was Sie sonst auf ungewöhnliche Art und Weise bewegt oder in nervöse Unruhe versetzt, kann Sie in diesen Monaten aus der Fassung bringen. Das Klima Ihres Lebensbereiches wird sich nicht zu Ihrem Nachteil verändern. Selbst mit Einschränkungen materieller Art werden Sie sich noch wohl fühlen.

Es ist jedes Jahr immer wieder eine stabile Zeitspanne, die einen wohl temperierten Tagesablauf garantiert – für Nussbaum-Geschmack vielleicht sogar zu ereignislos.

In den Monaten März, Juli und November verbindet Sie ein rhythmischer Gleichklang mit universellen Energien. Er kann auch Nussbaum-Leute der ersten Dekade in eine strahlende Laune versetzen.

Die Herbst-Dekade benötigt keine elementaren kosmischen Einflüsse, um sich am Leben, an der Liebe, an allem, was die Natur zu schenken vermag, zu erfreuen. Sollten Sie einmal vor lauter Lebensfreude über alle Stränge schlagen, ist deshalb noch lange keine Katastrophe zu befürchten. Überschwängliches Verhalten ist kein Fehler, es wird nur von permanent übellaunigen Leuten kritisiert.

Ergeben Sie sich also ruhig dieser Neigung. Es gibt unter den 21 Bäumen des keltischen Baumkreises nicht einen, der auch nur im Entferntesten mit diesem Talent konkurrieren könnte.

Jeder Tag, der Ihnen »volle Fahrt« vorschreibt, muss genützt werden. Zeigt sich ein Partner verständnislos, ist das noch kein Grund, um Trennungsgedanken aufkommen zu lassen.

Der Freundes- und Bekanntenkreis liegt Ihnen nicht unbedingt am Herzen. Trotzdem sind gute Zusammenarbeit oder gemeinsame Freizeitbeschäftigung möglich. Es ist eine allgemeine Erscheinung, dass beide Dekaden sich den letzten Rest von Intimität vorbehalten.

Nussbaum-Geborene, ob weiblich oder männlich, können einen ganzen Berg von Plagen auf sich nehmen, ohne andere mit Klagen oder Jammern zu belästigen. Sie wissen meist selbst nicht, woran es liegt, dass Sie schon alleine aus diesem Grunde zu den Außenseitern gezählt werden. Sollte jedoch einmal wirklich etwas an ihren Wurzeln nagen, können sie genau wie alle anderen Menschen am Boden zerstört sein.

Im Bereich Liebe ergeben sich nur dann kritische Situationen, wenn sie aus irgendeinem Grund tieftraurig sind und sich keinem Menschen, auch nicht dem liebsten, anvertrauen wollen. Ein Partner will zum einen nicht einsehen, dass sie überhaupt aus der Fassung gebracht werden können. Man will aber auch nicht verstehen, dass man am Leben eines geliebten Menschen nicht bis zur letzten Konsequenz teilnehmen darf.

Stehen einmal die Finanzen nicht zum Besten, haben Nussbaum-Geborene immer Ideen, wie man diesen Zustand beheben kann.

In wirklich kritischen Lebensphasen muss der letzte Rest Optimismus aktiviert werden. Lassen Sie sich diesen letzten Rest niemals wegdiskutieren. Leider gibt es immer wieder Leute, die das bewusst oder unbewusst versuchen werden.

# Konzentrierte Sonnenenergie für meinen Baum

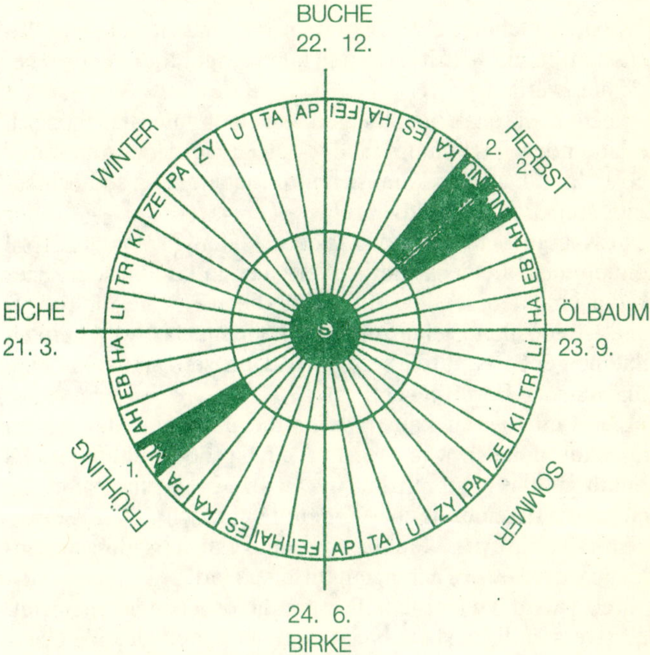


Der markierte schmale Abschnitt zeigt die Position Ihres Baumes innerhalb der vier Jahreszeiten an. Die zu diesem Zeitpunkt wirksame Sonnenenergie ist ein kosmischer Einfluss, durch den das Universum eine besonders enge Beziehung zur Erde und damit zu den an diesen Tagen geborenen Menschen herstellt.

Die einzelnen Baumfelder sind mit den Anfangsbuchstaben des betreffenden Baumes gekennzeichnet.

# Liebe und Partnerschaft

## 21. 4. – 30. 4. Erste Dekade

Nussbaum-Geborene der ersten Dekade haben viele gute Eigenschaften. Ihr Selbstvertrauen kann als geradezu enorm bezeichnet werden.

Alle haben Idealvorstellungen von einer guten, harmonisch verlaufenden Beziehung. Leider zeigen sie dabei nur wenig Sensibilität. Dagegen kann sich ihre Liebe häufig zu höchster Leidenschaftlichkeit entwickeln.

Nussbaum-Leute mit den Geburtsdaten 21. bis 30. April können diese Leidenschaftlichkeit auch in ein künstlerisches Metier umleiten. Damit öffnen sich ihnen Kanäle, die das eigene Ich ideellen Zielen zuführen können. Das zur Aggressivität neigende Naturell setzt sich dann sehr aktiv für eine künstlerische Berufung ein.

Liebe mit betont kameradschaftlichem Charakter ist bei Nussbaum-Damen wie -Herren eine große Seltenheit. Es kommt auf das menschliche Niveau an, ob ein Nussbaum der Naturgewalt seines Liebesverhaltens gewachsen ist. Selbstverständlich ist die Veranlagung eines Partners, dessen Einstellung zu diesem Thema, mitentscheidend.

Treue wird von einem Partner gefordert und erwartet. Selbstverständlich ist ein Nussbaum der ersten Dekade ebenfalls treu. Wenn er sich erst einmal zu einer Beziehung entschlossen hat, ist seine Zuneigung tief und ehrlich. Eine Ehe kann für ihn eine lebenserfüllende Aufgabe sein. Niemals ist von ihm Oberflächlichkeit zu erwarten.

## 24. 10. – 11. 11. Zweite Dekade

Bei der zweiten Nussbaum-Dekade sind zahlreiche günstige Eigenschaften vorhanden, die den Bereich der Liebe tangieren. Ihre erotische Anziehungskraft ist während einzelner Entwicklungsphasen recht auffällig und bemerkenswert. Leidenschaft, Eifersucht, aber auch künstlerische Gestaltungskraft werden getragen von einem Selbstvertrauen, das zutiefst in der Seele ruht.

Das Ich-Bewusstsein dieser Nussbaum-Geborenen kann so eigenwillig sein, dass es nur von wenigen Menschen verstanden oder akzeptiert wird.

Stets ist man mit diesen Geburtsdaten bemüht, die Umwelt mitzugestalten, soweit es die eigenen Möglichkeiten zulassen. Menschliche Wärme, die in einem ungewöhnlichen Ausmaß dem persönlichen Umfeld zufließt, ist dabei der auslösende Impuls.

Flirten oder gelegentliche Liebeserlebnisse sollten für Nussbaum-Leute der zweiten Dekade ein absolutes Tabu sein. Sind kein ernsthaftes Interesse oder echte Liebesbereitschaft vorhanden, schlittern sie allzu leicht in eine Beziehung, die ihnen nur Nachteile einbringen wird.

Nussbaum-Leute lieben geradezu leidenschaftlich alle schönen Dinge. Vor allem sind sie immer wieder von der Schönheit der Natur fasziniert.

Auch Geld spielt in ihrem Leben keine kleine Rolle. Nussbaum-Damen haben eine gute Beziehung zur Eitelkeit. Woher sollte auch die Ordnungsliebe kommen, wenn nicht von einem Schönheitsbedürfnis, das sich selbstverständlich auch auf die alltäglichen Dinge bezieht.

# Harmonische Partnerschaften

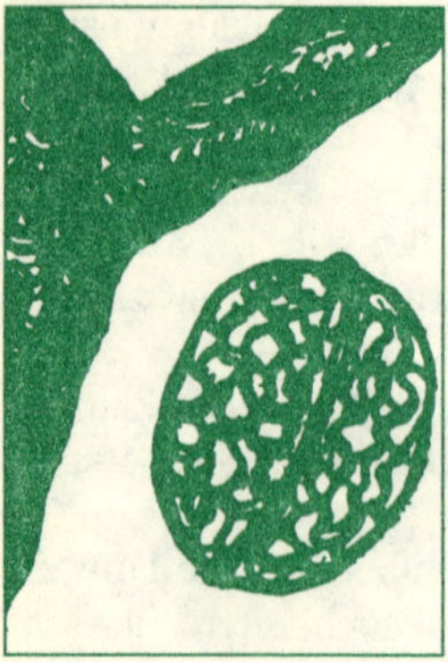

**Nussbaum**
In der nachfolgenden Liste sind unter den Geburtsdaten der Nussbaum-Dekaden jeweils die Geburtstage eines möglichen Partners eingetragen.
Eine Partnerschaft innerhalb dieser Geburtsdaten verspricht ein angenehmes Miteinander. Man kann Verständnis füreinander aufbringen, auch wenn das Leben einmal nicht glatt verläuft oder unangenehme Zwischenfälle die Atmosphäre belasten. Es ist der Gleichklang des Grundverhaltens, der für Harmonie sorgt.

**Nussbaum – 1. Dekade, 21. 4. – 30. 4.**

| | |
|---|---|
| Apfelbaum – 1. Dekade | 23. 12. – 1. 1. |
| Tanne – 1. Dekade | 2. 1. – 11. 1. |
| Ulme – 1. Dekade | 12. 1. – 24. 1. |
| Kiefer – 1. Dekade | 19. 2. – 29. 2. |
| Trauerweide – 2. Dekade | 3. 9. – 12. 9. |
| Linde – 2. Dekade | 13. 9. – 22. 9. |
| Nussbaum – 1. Dekade | 21. 4. – 30. 4. |
| Kastanie – 1. Dekade | 15. 5. – 24. 5. |
| Buche | 22. 12. |

**Nussbaum – 2. Dekade, 24. 10. – 11. 11.**

| | |
|---|---|
| Apfelbaum – 2. Dekade | 25. 6. – 4. 7. |
| Tanne – 2. Dekade | 5. 7. – 14. 7. |
| Ulme – 2. Dekade | 15. 7. – 25. 7. |
| Trauerweide – 1. Dekade | 1. 3. – 10. 3. |
| Linde – 1. Dekade | 11. 3. – 20. 3. |
| Kastanie – 2. Dekade | 12. 11. – 21. 11. |
| Eiche | 21. 3. |
| Birke | 24. 6. |

## Gesundheit

Haben Sie Ihre Geburtsdaten im Nussbaum-Bereich, sind Sie zum Jahreswechsel zur Welt gekommen (der 1. November war bei den Kelten Neujahrstag) und können mit einem Schicksal rechnen, das als außergewöhnlich bezeichnet werden kann.

In diesem Leben kann es berufliche und private Katastrophen geben, doch auch die wirklich guten Möglichkeiten sind reichlich gesät. Immer wieder sorgen positive Akzente dafür, dass sich überraschende Veränderungen ergeben, die Vorteile und auch gesundheitliches Wohlbefinden mit sich bringen.

Gegensätze und Spannungen sind für Nussbaum-Leute, ob feminin oder maskulin, eine gewohnte Erscheinung. Diese könnten jedoch Funktionsstörungen der Drüsen hervorrufen.

Entspannung und meditative Versenkung hat für Menschen unter dem Nussbaum-Symbol wenig Bedeutung. Damit wird deutlich, dass sie sich auch von katastrophalen Ereignissen nicht in einen Ausnahmezustand versetzen lassen, der bei manch anderen schwere körperliche Beschwerden hervorrufen würde.

Positive kosmische Energien können bei Nussbaum-Leuten einen Sog hervorrufen, der das gesamte Umfeld in Erstaunen versetzt und zu außergewöhnlichen Handlungen führt.

Ist eine Veranlagung zu befürchten, die sich völlig außerhalb der Norm bewegt, sind melancholische Züge nicht ausgeschlossen. Jede Übertreibung sollte unterlassen werden, um depressive Phasen zu vermeiden.

# KASTANIE

*14. 4. – 24. 5.*
*12. 11. – 21. 11.*

## Allgemeines

Kastanie-Geborene sind profilierte Charaktere, die sich in keinem Bereich, sei es die Familie oder das berufliche Umfeld, Fesseln anlegen lassen. Schon in der kindlichen Lebensphase zeigt sich eine ganz auf das eigene Ich abgestimmte Verhaltensweise. Es ist jedoch keine übertriebene Eigenwilligkeit, die als Eigensinn bezeichnet werden könnte.

Eine sehr natürliche Fröhlichkeit kennzeichnet diese Menschen. Sie kann von ganz normalen Tageserlebnissen ausgelöst werden, über die sich andere Leute überhaupt nicht amüsieren.

In den vom Symbol der Kastanie geprägten Menschen wohnt überraschenderweise eine sehr empfindsame Seele, die darauf bedacht ist, nicht mit schmerzlichen Erlebnissen oder Erfahrungen konfrontiert zu werden.

Wenn sie sich in sich selbst zurückziehen, ist das häufig auf unaufrichtiges Verhalten der Mitmenschen des nächsten Umfeldes zurückzuführen. Dies ist beiden Dekaden in der Seele zuwider.

Ein starkes Engagement zeigt sich überall und muss mit Vorsicht behandelt werden. Kastanien-Leute können wunderbare Menschen sein, die jedoch zu nachdenklich sind, um permanent in eine harmonische Ausgeglichenheit eingebettet zu sein. Heute herrscht eitel Sonnenschein und morgen spürt man überdeutlich, dass die Menschen, die gestern noch so sympathisch waren, sich in einem völlig anderen Licht zeigen. Plötzlich kann man sie nicht mehr so leicht ins Herz schließen.

Die Kastanien-Seele hat es schwer, die Realität des Lebens und ihre Sensibilität auf einen Nenner zu bringen.

Wird Ihnen spontan eine wichtige Entscheidung abgefordert, erbitten Sie sich Bedenkzeit. Spontan darf weder zu- noch abgesagt werden. Kastanien-Geborene beider Dekaden lassen sich manchmal zu sehr von ihren Gefühlen leiten. Doch Gefühle sind nicht angebracht, wenn es um geschäftliche oder familiäre Rechte geht!

Ist fachkundiger Rat notwendig, suchen Sie sich einen Gesprächspartner mit juristischen Fachkenntnissen. Nicht jedem kann man Einblick in persönliche Angelegenheiten geben.

In schwierigen Lagen sollten Sie sich ein Verhalten angewöhnen, das freundlich, sachlich und ab und zu mit einem Lächeln verziert ist.

In den Monaten, die wie Ihre Geburtsdaten vom Element Erde beherrscht sind, werden Sie mit Hindernissen kaum zu rechnen haben. Das Element Erde macht sich allgemein sehr positiv bemerkbar. Sie selbst sind mit diesem Element recht innig verbunden. Damit ist ein überragender Lebenserfolg eigentlich schon vorprogrammiert. Findet sich dann noch ein Lebenspartner an Ihrer Seite ein, der Ihnen Mut macht, der vielleicht auch noch Schützenhilfe leistet, sind Sie fein raus.

Haben sich Kastanien-Leute einmal dazu durchgerungen, diese Erkenntnisse als positiv zu bewerten, wäre dies ein Grund, sich von der angenehmsten Seite zu zeigen. Muss man Sie dann noch darauf hinweisen, dass gelegentlich kleine Aufmerksamkeiten Freude bereiten und den grauen Alltag verschönern?

Tage, die Ihren vollen Einsatz verlangen, sind Ihnen ganz sicher nicht unwillkommen. Überschätzen Sie aber Ihre physischen Kräfte nicht. Steigert sich Ihre Aktivität im Übermaß, sind Auseinandersetzungen nicht zu vermeiden. Die Frage, ob sich überdimensionaler Eifer auszahlt, ist ebenfalls berechtigt. Bleiben Sie auf dem Boden der Tatsachen, dann wird sich schnell herausstellen, wo Ihre Vorteile liegen.

Hat ein Mitarbeiter plötzlich Interesse an Ihrem Aufgabenbereich, ist es durchaus erlaubt, demonstrativ Ihre Rechte und Ansprüche zu behaupten. Zeigen Sie deutlich, wo hier die

Grenzen liegen, und stellen Sie gegebenenfalls auch lautstark fest, dass man mit Ihnen zu rechnen hat.

Es ist verständlich, dass Kastanien-Leute in derart schwierigen Phasen wenig Interesse auf anderen Gebieten zeigen. Am härtesten davon betroffen sind die zwischenmenschlichen Beziehungen.

Familienmitglieder zeigen sich in kritischen Phasen Kastanien-Geborenen gegenüber meist sehr zurückhaltend. Denen selbst ist es ziemlich egal, ob man sich auf ihre Seite stellt oder nicht. Sie haben sich eine isolierte Position gesichert und damit kommen Sie ausgezeichnet zurecht! Für eine Partnerschaft auf Lebenszeit ist es jedoch niemals gleichgültig, wie Sie sich in bestimmten Situationen verhalten!

Kommt es in der Familie da und dort zu Auseinandersetzungen, sind das äußerst schmerzhafte Erfahrungen für beide Kastanien-Dekaden. Lassen Sie dem Schicksal seinen Lauf und bemühen Sie sich darum, dass trotzdem eine angenehme Atmosphäre erhalten bleibt.

Kastanien-Leute der ersten Dekade sitzen beruflich meist recht fest im Sattel. Das lässt jeden Kummer schnell vergessen. Ärgerliche Familiengeschichten sind dann nur eine unbequeme Randerscheinung, weiter nichts.

Besondere Talente entwickelt die Mai-Dekade in kaufmännischen Berufen. Machen Sie sich keine Gedanken, wenn das auf Sie nicht voll und ganz zutrifft. Kaufmännisch talentiert sein heißt vor allem, ein Denkvermögen zu besitzen, das den materiellen Bereich stets im Auge behält. Auch als Handwerker oder als Verkäuferin muss man heutzutage kaufmännisches Geschick an den Tag legen.

Gute Aspekte zeigen sich für beide Dekaden meist in den Monaten September und Januar. Es können sich Tendenzen bemerkbar machen, die Ihnen die Rolle des oder der Vielgeliebten vermitteln.

Sind Sie bereits im Oma- oder Opa-Alter, sind für beide Dekaden Bewunderung und Zuneigung vorgesehen. Was man

Ihnen an Sympathie und Entgegenkommen zeigt, kommt aus ehrlichem Herzen. Liebe, die Grundbedingung für menschliche Wärme, erzeugt eine Atmosphäre, in der sich jeder wohl fühlt und behütet weiß. Auch wenn sich all dies im Bereich der Mai-Dekade besonders deutlich abzeichnet, so können doch auch November-Kastanien damit rechnen. Nur sind sie bedauerlicherweise grundsätzlich misstrauisch. Dies ist kein Boden, auf dem sich Zuneigung voll entfalten kann.

Sind Ihre Energien auf ein Minimum reduziert, sollten Sie sich ganz einfach zu einer ruhigeren Gangart entschließen. Besonders das Element Wasser, das in den Monaten März, Juli und November aktiv ist, führt dazu, dass eine gemütlichere Verhaltensweise Ihren Arbeitsrhythmus bestimmt. Für Kastanien-Leute beider Dekaden ist das eine recht erfreuliche Tatsache. Endlich können sich Gefühle zeigen und entwickeln. Endlich wird in Partnerbeziehungen alles so sein, wie man sich das erwarten darf. Sie kommen ganz groß in Fahrt, wenn das eiserne »Muss« im Arbeitsbereich Ihnen nicht mehr im Nacken sitzt.

Freuen Sie sich endlich an den vielen kleinen Dingen des Lebens. An erster Stelle steht jetzt das psychische und physische Wohlbefinden. Sie als Kastanien-Schützling sehen das vielleicht als die selbstverständlichste Sache der Welt an. Doch blicken Sie sich um und Sie werden feststellen, dass es nur wenige Leute gibt, die sich wirklich rundum gesund und munter fühlen. In diesem Stadium bemerken Sie auch, wie wunderbar es ist, viele Interessen zu haben und nicht nur im Alltagstrott zu ersticken.

Lernen Sie unbeschwerte Tage oder auch nur Stunden zu genießen und den heute so permanenten Stresssituationen aus dem Weg zu gehen. Es ist nur wenigen Tagen oder Monaten vorbehalten, dass Sie sich wirklich wunderbar fühlen. Ist es aber einmal so weit, sollten Sie die Gunst des Augenblicks erkennen und für sich positiv nützen. Ihr Umfeld wird schnell erkennen, wie wohl Sie sich fühlen, und gerne bereit sein, mitzumachen!

# Konzentrierte Sonnenenergie für meinen Baum

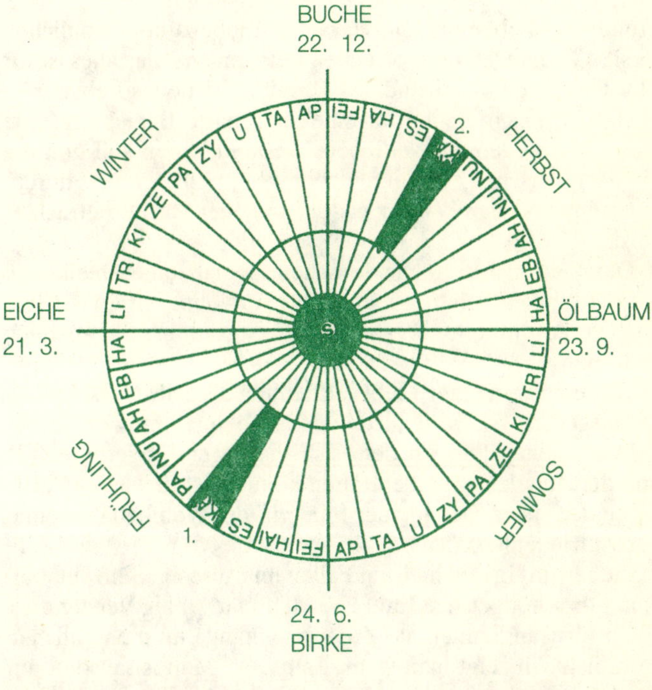


Der markierte schmale Abschnitt zeigt die Position Ihres Baumes innerhalb der vier Jahreszeiten an. Die zu diesem Zeitpunkt wirksame Sonnenenergie ist ein kosmischer Einfluss, durch den das Universum eine besonders enge Beziehung zur Erde und damit zu den an diesen Tagen geborenen Menschen herstellt.

Die einzelnen Baumfelder sind mit den Anfangsbuchstaben des betreffenden Baumes gekennzeichnet.

# Liebe und Partnerschaft

## 15. 5. – 24. 5. Erste Dekade

Freude am Leben und an der Natur, Liebe zum persönlichen Besitz, Vergnügen an sportlichen Leistungen – das alles ist für Mai-Kastanien die Grundlage für ein zufriedenes Leben.

Hat man sich einmal für eine dauerhafte Beziehung, eine Ehe, entschieden, die zeitlebens Bestand haben soll und die ein harmonisches Zusammenleben verspricht, kann es durchaus sein, dass der Partner als persönlicher Besitz betrachtet wird.

Das Gefühl für einen Menschen, der als eine »bleibende Einrichtung« geschätzt, geehrt und verwöhnt wird, lässt sich auch von eventueller Kritik aus dem engsten Familienbereich nicht beirren.

Treue wird in einer Liebesbeziehung als selbstverständlich vorausgesetzt. Sie wird auch in demselben Umfang erwidert.

Das eigene Heim, in dem sich die gegenseitigen Gefühle und die Zuneigung voll entfalten können, ist für die Geburtsdaten der ersten Dekade der Inbegriff des Wohlbehagens und der Zufriedenheit.

Liebe wird in den meisten Fällen im irdischen Sinn verstanden. Für schöngeistige Interessen hat man wenig Verständnis. Auch für transzendentale Zusammenhänge im menschlichen Gefühlsleben zeigt man wenig Interesse. Man ist absolut auf das Diesseits bezogen und lebt auch danach. Der realistische Geschäftsgeist, der alle im Mai geborenen Kastanien beherrscht, wird auch bei einem Partner vorausgesetzt.

Gemüt, Treue, Wirklichkeitssinn und eine solide Pflichtauffassung sind ausgezeichnete Voraussetzungen für ein Leben zu zweit. Eine Kastanie der ersten Dekade hat ein gutes Gespür dafür, einen Partner zu finden, der diese Tugenden zu schätzen weiß, vielleicht sogar ähnliche Vorteile zur Verfügung stellt!

## 12.11. – 21.11. Zweite Dekade

Das Temperament der Herbst-Dekade ist wesentlich lebhafter als das der Mai-Geborenen.

In der Liebe gibt die Kastanie der zweiten Dekade alles, doch nur unter der Bedingung, dass ihr die Liebe in jeder Hinsicht Vergnügen bereitet. Dies entspricht ihrer autoritären Verhaltensweise, die sehr dominierend sein kann.

Trotzdem ist die Herbst-Kastanie tiefer Gefühle fähig, hat aber nur wenig Neigung, ihren Gefühlen auch Ausdruck zu geben, vor allem wenn andere zusehen. Man küsst nicht auf offener Straße und man streichelt nicht, wenn man sich in Gesellschaft befindet. Das kann als distinguiertes Verhalten bezeichnet werden. Meist ist es jedoch eine Zurückhaltung, die ihre Ursache im gerne demonstrierten Snobismus hat.

Auffallend ist das sehr sichere Auftreten, das gar nichts von der angeborenen menschlichen Wärme des Herzens und der Seele verrät und schon gar nichts von dem sehr erotischen Engagement.

Der Idealismus, der sich nur im intimen, privaten Bereich zu erkennen gibt, bekommt zusätzlich Unterstützung, wenn man sich zu den Nachtgeborenen zählen kann (6 Uhr abends bis 6 Uhr morgens).

Kastanien der zweiten Dekade sind immer Leute, die von sich sehr überzeugt sind. Nur ein ebenbürtiger Partner kommt damit ausgezeichnet zurecht.

Eine besondere persönliche Genugtuung erwartet sie nach Vollendung von sechsmal sieben Lebensjahren, wenn sich eine Leidenschaft für wissenschaftliche Forschungsarbeiten bemerkbar macht, die mit dem Beruf meist in keiner Beziehung steht.

Im Gegensatz zur ersten Dekade fühlen sich November-Kastanien nur dann zufrieden, wenn sich die Möglichkeit ergibt, im fortgeschrittenen Alter ein mit irdischen Gütern gesegnetes Leben zu führen.

# Harmonische Partnerschaften

**Kastanie**

In der nachfolgenden Liste sind unter den Geburtsdaten der Kastanie-Dekaden jeweils die Geburtstage eines möglichen Partners eingetragen.

Eine Partnerschaft innerhalb dieser Geburtsdaten verspricht ein angenehmes Miteinander. Man kann Verständnis füreinander aufbringen, auch wenn das Leben einmal nicht glatt verläuft oder unangenehme Zwischenfälle die Atmosphäre belasten. Es ist der Gleichklang des Grundverhaltens, der für Harmonie sorgt.

**Kastanie – 1. Dekade, 15. 5. – 24. 5.**

| | |
|---|---|
| Apfelbaum – 1. Dekade | 23. 12. – 1. 1. |
| Tanne – 1. Dekade | 2. 1. – 11. 1. |
| Ulme – 1. Dekade | 12. 1. – 24. 1. |
| Trauerweide – 2. Dekade | 3. 9. – 12. 9. |
| Linde – 2. Dekade | 13. 9. – 22. 9. |
| Nussbaum – 1. Dekade | 21. 4. – 30. 4. |
| Eiche | 21. 3. |
| Birke | 24. 6. |

**Kastanie – 2. Dekade, 12. 11. – 21. 11.**

| | |
|---|---|
| Apfelbaum – 2. Dekade | 25. 6. – 4. 7. |
| Tanne – 2. Dekade | 5. 7. – 14. 7. |
| Ulme – 2. Dekade | 15. 7. – 25. 7. |
| Trauerweide – 1. Dekade | 1. 3. – 10. 3. |
| Linde – 1. Dekade | 11. 3. – 20. 3. |
| Nussbaum – 2. Dekade | 24. 10. – 11. 11. |
| Buche | 22. 12. |

## Gesundheit

Kastanien-Geborene besitzen einen verträglichen Charakter. Sie sind deswegen überall gerne gesehen und beliebt.

Hindernisse im Berufsbereich werden mit der bedächtig und überlegt eingesetzten Kraft der Seele überwunden. Schon deshalb klagen sie kaum einmal über physische Beschwerden, die ihre Ursache im seelischen Bereich haben könnten.

Das Prinzip des Erwerbens und Bewahrens ist hier stark vertreten. Das Festhalten an alten Gewohnheiten ist bei der Mai-Dekade in besonders auffälliger Weise vorhanden. Hier ist auch die Möglichkeit gegeben, dass man sich zu sehr in das eigene Ich zurückzieht. Diese introvertierte Verhaltensweise kann jedoch Asthmastörungen hervorrufen.

Bei der November-Dekade zeigen sich Störungen des Bewegungsapparates, sobald man sich körperlich übernimmt. Überanstrengung bei der Ausübung einer Sportart ist hier fast schon an der Tagesordnung.

Haben November-Kastanien aufgrund ihrer Geburtsstunde mit einer magnetischen Mondenergie zu rechnen, könnte ihr Verhalten für absolut realistisch eingestellte Menschen zum Albtraum werden. Bewusste Distanz ist dann ein bewährtes Mittel, um sich aus prekären Situationen herauszuhalten, was wiederum ihrem Allgemeinbefinden sehr förderlich wäre.

Gut, dass Kastanien wenig anfällig für Krankheitsbeschwerden jeglicher Art sind. Keine Kastanie ist nämlich bereit, psychosomatische Zusammenhänge anzuerkennen. Sie besitzen eine so feste seelische Grundlage, dass schon der Gedanke daran ihnen ein mitleidiges Lächeln entlockt.

# Esche

*25. 5. – 3. 6.*
*22. 11. – 1. 12.*

## Allgemeines

Wenn Ihre Geburtsdaten im Symbol der Esche liegen, muss die Freiheit der eigenen Meinungsäußerung garantiert sein, sonst ist mit Ihnen nicht gut auszukommen. Beide Dekaden haben eine ins Große und Weite tendierende Weltanschauung, die eine engstirnige Bevormundung nicht erträgt.

Sie nehmen das Leben an, wie es sich gerade ergibt, sei es nun positiv oder negativ. Selbstverständlich ist Ihre Miene strahlender, wenn die Tage unbeschwert und freundlich sind. Doch ein unfreundliches, mürrisches Gesicht sieht man bei Ihnen auch an kritischen Tagen nicht!

Die erste Dekade wird ab und zu von ernst zu nehmenden Zweifeln geplagt. Man kann aber beruhigt sein, denn ein Versagen ist ganz ausgeschlossen.

Beide Dekaden verhalten sich diplomatisch und überlegt, sollten sie vor die Wahl gestellt sein, sich für private oder geschäftliche Kontakte zu entscheiden. Besonders in geistiger Hinsicht ist ein akzeptables Niveau immer ausschlaggebend.

Emotional wird die erste Dekade kaum einmal in Verlegenheit kommen, sich übermäßig zu verausgaben; doch kalt und herzlos ist sie keinesfalls. Die November-Eschen dagegen können in herzlicher Zuneigung geradezu schwelgen, sofern sie die Liebe in ihr Programm aufnehmen.

Die erste Dekade sollte nicht lange zögern, ihre erzkonservative Einstellung abzulegen, sofern ihr gesamtes Umfeld sich dem neuen Zeitgeist verschrieben hat. Vieles wird damit leichter und verschiedene Zeitgenossen werden dann aufhören, sie zu boykottieren oder zu übersehen.

Zeitgeist ist gefragt, doch die angeborene gemütliche Lebensart der Esche darf davon nicht völlig untergraben werden. Ihr Grundverhalten, von kosmischen Energien festgelegt, kann niemals völlig ausgeklammert werden. Es wäre dies ein Eingriff in ihr ureigenstes Ich, das den physischen Körper krank machen könnte.

Im Bereich der Liebe ist bei der ersten Dekade recht häufig ein Misstrauen vorhanden, das man nur schwer, wenn überhaupt, ablegen kann. Sind andere Menschen einmal nicht so, wie es Ihnen gefallen würde, sollten Sie bedenken: Nicht jeder kann so sein, wie es Ihnen vorschwebt. Jeder Mensch bekam ein Grundverhalten mit, nach dem er sich ausrichten muss.

Alle diese Argumente fallen bei November-Eschen völlig weg. Sie ruhen derart sicher im eigenen Ich, dass Zweifel und Bedenken grundsätzlich ausgeklammert werden können. Auch bei sich radikal verändernden Lebenssituationen fügt man sich den neuen Bedingungen oder Richtlinien. Emsig und fleißig bemüht man sich um neue Aufgaben. Hier in der letzten Novemberwoche sind die sogenannten Streber zu Hause. Das ist ein Wort, das bei vielen Mitmenschen einen üblen Beigeschmack hat. Warum eigentlich? In den meisten Fällen handelt es sich dabei doch nur um Neid und Missgunst. Beides sind Untugenden der schlimmsten Sorte.

Alle Schützlinge der Esche können auch an außergewöhnlichen Impulsen Freude haben, die ihnen manche Tür zum Erfolg öffnen.

Sind Sie an einem Tag zwischen 25. Mai und 3. Juni geboren, wird Ihre seelische Verfassung in den Monaten Juli und Oktober besonders zufriedenstellend und harmonisch sein. Es ist das Element Luft, dem Sie diese positiven Einflüsse zu verdanken haben.

Angehörige werden liebevoller behandelt und mit den Kollegen ergibt sich eine Verträglichkeit, die heftige Meinungsverschiedenheiten ausschließt.

Im August und im April bekommen beide Dekaden einen

völlig anderen Lebensrhythmus zu spüren. Das Alltagsleben wird bewegter, kein Tag zeigt sich grau und ereignislos. Manche Tage können jetzt für beide Dekaden eine besondere Bedeutung bekommen. Die eigenen Schwächen und Fehler wie auch die Untugenden anderer Leute werden großzügiger beurteilt, vielleicht sogar überhaupt nicht wahrgenommen. Mitunter lässt man sich sogar von fremden Meinungen beeinflussen. Eine extreme Ausnahmeerscheinung bei Esche-Geborenen!

Ist die erste Lebenshälfte vorüber, hat man sich endlich daran gewöhnt, geduldig zu sein. Das ist eine Entwicklung, die vieles leichter macht und das eigene Ich zufriedener werden lässt.

Dort, wo eine gewisse Großzügigkeit den Umgang mit Menschen erleichtert, ergeben sich auch Gespräche, die Ihre Einstellung zu Ihrem gesamten Umfeld völlig auf den Kopf stellen können. Erstaunt stellt besonders die zweite Dekade dann fest, dass die eigene Meinung nicht immer die richtige war. Plötzlich macht es Vergnügen, sich für andere Leute zu interessieren!

Gute Chancen ergeben sich im Berufsbereich. Damit wird eine endgültige Entscheidung nicht leicht gemacht. Ausgezeichneter Geschäftssinn und der richtige Blick für materielle Vorteile lassen jedoch kaum einen Fehlgriff zu.

Eine gewisse Sorglosigkeit, ein zu großes Vertrauen im Umgang mit Kollegen könnte Nachteile einbringen, die auch mit großem Fleiß nicht mehr gutzumachen sind. Es heißt also, verschwiegen zu sein. Neue Ideen oder Vorhaben dürften in der ersten Begeisterung nicht ausgeplaudert werden.

Man sagt von Eschen, ob nun im Mai oder im November geboren, sie seien schlau und nicht hinters Licht zu führen. Ihre Menschenkenntnis wird es sein, die sie vor ernsthaften Konkurrenten schützt.

Urlaubs- oder Feiertage sollten dem absoluten Nichtstun vorbehalten sein. Ziehen Sie sich konsequent zurück, vergessen Sie Ihre beruflichen Aufgaben oder eventuell auch ein Studium, das Ihnen besonders interessant erscheint. Nichtloslassen-Können ist bei beiden Esche-Dekaden ein Übel, das ihnen nicht besonders bekommt.

Im Freundeskreis sind Ihre Bemühungen stets willkommen. Sie zeigen sich kameradschaftlich und in Notsituationen äußerst hilfsbereit.

Der Mai-Dekade müsste ans Herz gelegt werden, sich keinesfalls in eine Isolation hineinzumanövrieren. Es ist dies vielleicht im Sinne Ihrer Seele, aber ganz sicher nicht im Sinne Ihrer geistigen Kapazität, von Ihrem physischen Wohlbefinden ganz zu schweigen. Das würde ein Eremitendasein als eine ungeheure Belastung empfinden.

Ihre Arbeit, ihr Beruf nimmt Esche-Leute stets voll in Anspruch. Das Element Erde ist für sie alle eine Kraft, die für Beständigkeit sorgt.

Mit der Beständigkeit ist auch der Begriff »Treue« aufs innigste verknüpft. Sie bewährt sich in allen Lebensbereichen und ganz besonders in Partnerbeziehungen. Damit ist heutzutage fast schon ein Seltenheitswert verbunden, so dass Eschen hier eine Sonderstellung einnehmen.

»Manipulation« ist ein Wort, das im Repertoire von Eschen ganz sicher nicht zu finden ist. Niemals kommt es einer Esche in den Sinn, sich mit Tricks Vorteile zu verschaffen.

Beide Dekaden können sich als Lieblinge des Schicksalsgeschehens bezeichnen. Sie haben ein Temperament, das nicht überschäumend ist, aber für ein harmonisches Leben ausreicht.

Aggressionen sind hier völlig ausgeschlossen. Niemals kommt bei Eschen »das Blut zum Kochen«. Kein Bereich, weder die Partnerschaft noch der Beruf oder die Freundschaften, leiden unter einer allzu heftigen Gangart. Im Gegenteil, Anstoß wird meist nur an der bewusst zur Schau getragenen Solidität genommen. Manche Zeitgenossen finden dies möglicherweise aufreizend, aber sie finden selten eine Gelegenheit, um sich abfällig darüber zu äußern.

Selbstverständlich ergeben sich unter diesen Voraussetzungen besondere Chancen, als begehrter Heiratskandidat zu gelten.

# Konzentrierte Sonnenenergie für meinen Baum

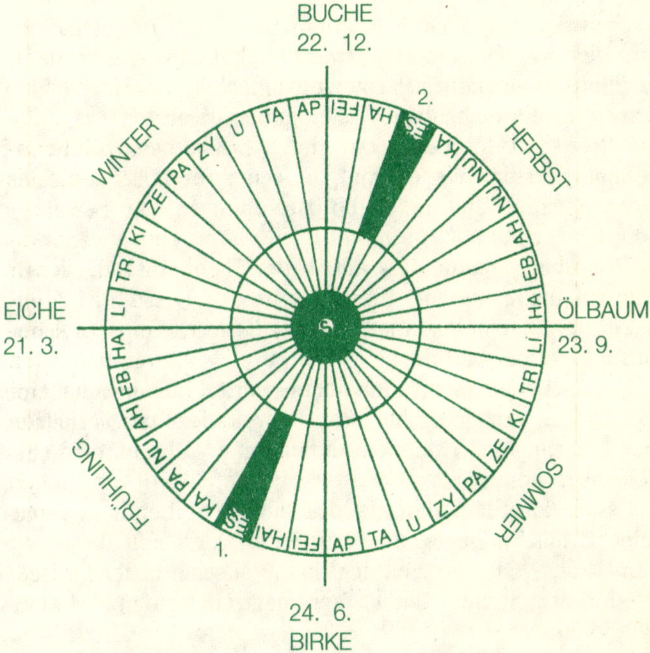


Der markierte schmale Abschnitt zeigt die Position Ihres Baumes innerhalb der vier Jahreszeiten an. Die zu diesem Zeitpunkt wirksame Sonnenenergie ist ein kosmischer Einfluss, durch den das Universum eine besonders enge Beziehung zur Erde und damit zu den an diesen Tagen geborenen Menschen herstellt.

Die einzelnen Baumfelder sind mit den Anfangsbuchstaben des betreffenden Baumes gekennzeichnet.

## Liebe und Partnerschaft

### 25. 5. – 3. 6. Erste Dekade

Eschen der ersten Dekade kommen sich im Bereich Liebe und Liebeswerbung häufig etwas unbeholfen vor, es sei denn, es gelingt einem lieben Partner, die eingebildeten Hürden und Schwierigkeiten abzubauen oder zu beseitigen.

Alle Esche-Geborenen der ersten Dekade sind allerdings beliebte Flirtpartner, obwohl sie sich ihrer äußerst soliden Note entsprechend in festen Beziehungen gut bewähren könnten.

Die Überzeugung, dass neben der Liebe auch die Kasse stimmen muss, ist keiner Esche auszureden. Diese Einstellung hat sicher allgemein keinen Seltenheitswert, aber bei Eschen ist sie besonders auffällig.

Ein Esche-Mann will eine liebenswerte Frau, die auch eine Mitgift zur Verfügung hat. Bei einer Esche-Frau verhält es sich ähnlich, nur ist sie nicht unbedingt erpicht auf eine eheliche Verbindung.

Es ist das Element Luft, das die Esche-Leute so unbeschwert macht. Dagegen ist heftige Leidenschaft für sie alle kein Thema. Die Liebe hat hier kameradschaftlichen Charakter und es gibt viele ähnlich Veranlagte unter den 21 Baumsymbolen.

Eschen der ersten Dekade können eine echte Herzlichkeit verströmen und einen bezwingenden Charme zeigen, wenn sie es angebracht finden. Damit ist in den Augen der Esche-Damen und -Herren in puncto Liebe schon viel getan.

In Situationen, die Esche-Leute gefühlsmäßig überfordern, kommt ein Talent zum Vorschein, das ausgezeichnet ankommt: Geschickt platzierte Pläne für eine lukrative gemeinsame Zukunft können tausend abgedroschene Liebesphrasen überflüssig machen.

## 22. 11. – 1. 12. Zweite Dekade

Hat man ein solches Geburtsdatum in seinen Papieren, kann man sich zu den Optimisten dieser Erde zählen.

Ein ganzes Bündel besonderer Energien aus dem Bereich der Sonne steht diesen Geburtsdaten ein Leben lang zur Verfügung. Es ist zwar eine Jahreszeit, die dem Winter zugeordnet wird, doch tief in der Erde bewegt sich schon das neue Leben für das kommende Jahr.

Ein wohl geordnetes Weltbild, von einem gesunden Optimismus getragen, sorgt zeitlebens für die innere Sicherheit der Esche-Seele. Kontakte kommen ohne jede Schwierigkeit zustande, denn das gesamte Umfeld ist von der herzlichen Art, die hier als Naturtalent bezeichnet werden kann, begeistert.

Nicht umsonst wird die kosmische Energie im Bereich einer Esche als ein kleines Glück bezeichnet. Ein besonders leidenschaftliches Temperament ist mitgegeben, wenn man sich zu den Taggeborenen rechnen kann (6 Uhr morgens bis 6 Uhr abends).

Autoritäres Verhalten ist hier schon vorprogrammiert. Wird das Liebesverhalten genauer betrachtet, so ist neben einer gewissen Dominanz, die sich ohne irgendeine Hemmung zeigt, auch die Möglichkeit vorhanden, alles zu geben, was an Gefühlen bereitliegt.

In jeder Liebesbeziehung, sei sie nun auf Dauer angelegt oder nur eine Eintagsfliege, sind Sympathie und menschliche Wärme immer Voraussetzung. Ein liebenswertes Interesse an allem, was ein Partner tut oder plant, ist einer der vielen Vorzüge der Eschen, die in der letzten Novemberwoche geboren sind.

Vereinzelt könnte auch eine künstlerische Begabung vorhanden sein, die dann zum Durchbruch kommt, wenn das Privatleben einmal nicht den extravaganten Wünschen dieser Eschen entspricht.

# Harmonische Partnerschaften

**Esche**

In der nachfolgenden Liste sind unter den Geburtsdaten der Esche-Dekaden jeweils die Geburtstage eines möglichen Partners eingetragen.

Eine Partnerschaft innerhalb dieser Geburtsdaten verspricht ein angenehmes Miteinander. Man kann Verständnis füreinander aufbringen, auch wenn das Leben einmal nicht glatt verläuft oder unangenehme Zwischenfälle die Atmosphäre belasten. Es ist der Gleichklang des Grundverhaltens, der für Harmonie sorgt.

**Esche – 1. Dekade, 25. 5. – 3. 6.**

| | |
|---|---|
| Zypresse – 1. Dekade | 25. 1. – 3. 2. |
| Pappel – 1. Dekade | 4. 2. – 8. 2. |
| Kiefer – 1. Dekade | 19. 2. – 29. 2. |
| Haselnuss – 2. Dekade | 24. 9. – 3. 10. |
| Eberesche – 2. Dekade | 4. 10. – 13. 10. |
| Esche– 1. Dekade | 25. 5. – 3. 6. |
| Hainbuche – 1. Dekade | 4. 6. – 13. 6. |
| Feigenbaum – 1. Dekade | 14. 6. – 23. 6. |
| Ölbaum | 23. 9. |

**Esche – 2. Dekade, 22. 11. – 1. 12.**

| | |
|---|---|
| Zypresse – 2. Dekade | 26. 7. – 4. 8. |
| Pappel – 3. Dekade | 5. 8. – 13. 8. |
| Zeder – 2. Dekade | 14. 8. – 23. 8. |
| Haselnuss – 1. Dekade | 22. 3. – 31. 3. |
| Eberesche – 1. Dekade | 1. 4. – 10. 4. |
| Hainbuche – 2. Dekade | 2. 12. – 11. 12. |
| Feigenbaum – 2. Dekade | 12. 12. – 21. 12. |

## Gesundheit

Esche-Leute, ob Ende Mai oder Anfang Juni geboren, sind kämpferische Naturen, die nicht den leisesten Hauch von Bevormundung ertragen können.

Auf derselben Ebene bewegt sich ihr gesundheitliches Befinden. Man will weder auf gewisse Notsignale hören, die vom Körper in Form von Beschwerden angezeigt werden, noch ist man bereit, den eigenen übermäßigen Ehrgeiz zu zügeln.

Die Sorge um das eigene Ich sollte hier in ein harmonisches Gleichgewicht gebracht werden. Beide Aspekte, der Arbeitseifer wie auch die Sorge um die Gesundheit, müssen im Gleichgewicht gehalten werden.

Krankheitssymptome auslösend ist hier stets eine innere Unruhe, die vom Element Feuer verursacht wird. Die seelische Harmonie sollte immer in Balance gehalten werden. Dies gilt besonders für den Arbeitsbereich, in dem sich Esche-Geborene in einzelnen Fällen auch erotische Abenteuer erlauben.

Eschen leben gerne und genießen auch gerne. Dies sind Grundvoraussetzungen für ein unbelastetes Wohlbefinden. Stellt sich eine gewisse Unentschlossenheit ein, gehen Sie der Ursache auf den Grund. Denn diese Unentschlossenheit löst bei Esche-Geborenen, die immer genau wissen wollen, woran sie sind, beunruhigende Zustände aus. Häufig steckt ein konzeptionsloser Arbeitseinsatz dahinter, der vegetative Störungen verursacht.

Spielen Sie niemals das Mädchen für alles. Es ist im Hinblick auf Ihr gesundheitliches Wohlbefinden die undankbarste Aufgabe, die Sie sich auferlegen können.

# Hainbuche

*4. 6. – 13. 6.*
*2. 12. – 11. 12.*

## Allgemeines

Ob im Juni oder im Dezember geboren, Hainbuchen können über eine Ausstrahlung verfügen, die sofort die Sympathie der Mitmenschen einbringt. Das gesellschaftliche Leben wird damit sehr erleichtert. Man schätzt ihre Klugheit und verlässt sich gerne auf ihren Rat.

Der offene und sympathische Wesenszug der Hainbuche-Leute der ersten Dekade deckt sich mit dem der zweiten Dekade, wenn Gefühle zum Ausdruck gebracht werden. Damit kann der Freundeskreis erweitert werden, es erleichtert aber auch den Kontakt zu Berufskollegen.

Da sich dies nicht unbedingt positiv auf die berufliche Arbeit auswirkt, können sich Spannungen ergeben, die häufig dem Verhalten eines Vorgesetzten zuzuschreiben sind.

Die Fähigkeit, sich jederzeit den gegebenen Verhältnissen anzupassen, macht das Arbeitsleben zu keinem Problem, obwohl Hainbuche-Geborene ihre eigene Meinung nie verbergen können.

Beide Dekaden, obwohl sie mit grundverschiedenen Elementen ausgestattet sind, haben nur selten materielle oder finanzielle Einbußen zu befürchten. Das Element Luft für die Juni-Dekade und das Element Feuer für die Dezember-Geborenen sind finanziellen sowie materiellen Vorteilen nicht feindlich gestimmt.

Der so genannte »glückliche Zufall« ist für beide Dekaden des Öfteren zu erwarten. Sie sind Glückskinder, die von kosmischen Einflüssen geradezu verwöhnt werden.

Ergeben sich ausgefallene Berufsmöglichkeiten, überlegen

Sie nicht lange, greifen Sie zu! Nicht jeden Tag können Sie ein Glück erwarten, das Ihnen so ausgezeichnete Chancen anbietet, sich beruflich ins sichere Nest zu setzen.

Äußerst positive kosmische Energien, durch die Intensität der vier Elemente aktiviert, können der Dezember-Dekade einen Geschäftspartner zuführen, der mit finanziellen Problemen ausgezeichnet umzugehen weiß.

Aktive Lebensenergien stehen beiden Dekaden permanent zur Verfügung. Lediglich in den Monaten März, Juli und November muss mit einem Nachlassen gerechnet werden.

Sind Sie einer Arbeitsgemeinschaft angeschlossen, gibt es sicher weibliche, vielleicht auch männliche Kollegen, die gerne bereit sind, Ihnen bei Schwierigkeiten behilflich zu sein. Lassen Sie sich Dienste dieser Art ruhig gefallen. Warum sollte die Anziehungskraft, die Ihnen mitgegeben wurde, nicht genutzt werden, um sich berufliche Vorteile zu verschaffen?

Eine Freizeitbeschäftigung ist häufig mit der Teilnahme eines Familienangehörigen verbunden. Damit können sich Möglichkeiten entwickeln, die Ihnen Ruhm und Ehre einbringen. Doch niemals ist bei Hainbuchen ein Konkurrenzdenken vorhanden.

Das Glück im Liebesbereich ist bei der Juni-Dekade ein häufiger Gast. Sie machen sich wenig Sorgen, ob sie beim anderen Geschlecht gut oder weniger gut ankommen. Doch sie alle werden zum geduldig Wartenden, wenn sie sich einmal bis über beide Ohren verliebt haben.

Lassen die freundlichen Zeichen und positiven Einflüsse, mit denen sie meistens verwöhnt werden, einmal deutlich nach, müssen sie Eigeninitiative entwickeln. Beide Dekaden sind nicht daran gewöhnt! Vieles fällt ihnen normalerweise in den Schoß. In Krisensituationen sind sie jedoch durchaus in der Lage, auch über den eigenen Schatten zu springen.

Sehr erfreulich ist, dass ihr Freundeskreis in kritischen Zeiten eine besondere Verbundenheit signalisiert. Es finden sich in ihrer Umgebung immer wieder Menschen, die sich für ihr

Wohlergehen einsetzen. Das geht von der kleinsten Gefälligkeit bis hin zum selbstlosen Einsatz.

Haben Sie in schwierigen Lebensphasen nicht die geringste Lust, Pläne weiterzuentwickeln, lassen Sie sich eine berufliche Veränderung, womöglich von der Chefetage initiiert, trotzdem gefallen. Sie bringt ganz gewiss mehr Arbeit, bewahrt Sie aber vor eventuell aufkommenden Depressionen. Aussichtslos ist bei Hainbuchen nichts, auch wenn es manchmal den Anschein hat, als hätte sich der Himmel selbst gegen sie verschworen.

Denken Sie an Ihr gesundheitliches Wohlbefinden, so bleiben Sie auch von kritischen Tagen völlig unberührt. Nehmen Sie ausnahmsweise auch einen gut gemeinten Rat der Familie an.

Ein herzliches, von menschlicher Wärme getragenes Verhalten Ihrer nächsten Mitmenschen kann Ihnen gute Dienste leisten. Es ist allerdings eine Seltenheit, dass Hainbuche-Geborene etwas Derartiges in Erwägung ziehen. Der Dezember-Dekade ist es ganz sicher nicht gegeben, sich wohl gemeinte Ratschläge anzuhören. Sie wollen stets alles selbst erledigen, alles selbst organisieren, und zwar bis ins kleinste Detail.

Die Neigung beider Dekaden deckt sich mit dem Privatbereich ebenso wie mit den Tendenzen, die für das berufliche Leben ausschlaggebend sind. Der Gleichklang, der sich hierdurch ergibt, sorgt für Harmonie im seelischen, geistigen und logischerweise auch im physischen Bereich.

Die Begabung der Hainbuchen, sich nach den jeweiligen Verhältnissen zu richten, macht sie zu Zeitgenossen, denen überall Bewunderung entgegengebracht wird. Das Abwägen von Vorteilen, die je nach Lebensebene recht unterschiedlich sein können, macht ihnen nie Probleme. Eine Koexistenz beider Lebensbereiche, Privatleben und Beruf, ist für Hainbuchen eine Selbstverständlichkeit.

Das gesellschaftliche Leben, ob enge Freundschaften oder die Bindung an die Familie, wird gehegt und gepflegt. Man ist sehr interessiert daran, mit all diesen Menschen in Einklang zu leben.

Im Dezember ist das Element Feuer tonangebend. Hier sind Temperament, Initiative und Selbstvertrauen in besonderem Maße vorhanden. Damit können Tendenzen ausgelöst werden, die das Leben einer Hainbuche der zweiten Dekade in manchen Zeitphasen zum reinen Vergnügen werden lassen.

Ein weicher kosmischer Wert ist zeitlebens bemüht, ihr Leben in einem angenehmen Rhythmus zu halten. Der Bereich der Liebe bekommt damit sicher gewisse Vorteile zugewiesen. Das darf Sie jedoch nicht dazu veranlassen, sich nur noch für dieses Thema zu interessieren. Für die Juni-Dekade wäre ein derartiges Verhalten durchaus im Bereich des Möglichen.

Freizeitvorhaben sind stets von einem besonderen Eifer ausgezeichnet. Es können sich sogar Chancen ergeben, sich zu einem Sportas zu entwickeln.

Die Lebensenergie der Juni-Hainbuche ist nicht ganz so überdimensioniert wie die der Dezember-Geborenen. Versuchen Sie deshalb stets, ernsthafte Vorhaben zu realisieren. Es schwimmen Ihnen sämtliche Felle davon, sollten Sie sich verzetteln.

Arbeiten Sie in einer Gemeinschaft, wäre dies die beste Lösung, die man einer Juni-Hainbuche empfehlen kann. In einem Bereich, der es ermöglicht, gemeinsame Ziele, gemeinsame Vorhaben zum Erfolg zu bringen, sind Ihrem Temperament, das vom Element Luft regiert wird, zahlreiche Entfaltungsmöglichkeiten gegeben.

Hainbuchen der zweiten Dekade finden stets besondere Akzente, die sich für ihre beruflichen Bemühungen positiv auswirken. Sie alle sind geradezu magisch davon besessen, beruflich eine Karriere anzustreben.

Niemand ist darüber glücklicher als die eigene Familie, obwohl die übertriebene Sorge um Ihre Gesundheit nicht leicht zu ertragen ist. Man kann jedoch beruhigt sein, denn die Dezember-Dekade weiß zur rechten Zeit einen Punkt zu setzen, um nicht an selbst auferlegter Arbeit zu ersticken.

# Konzentrierte Sonnenenergie für meinen Baum

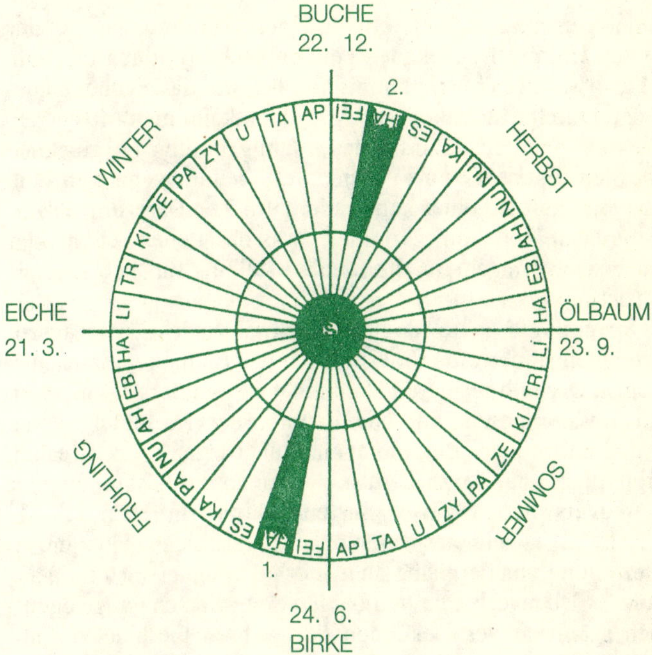


Der markierte schmale Abschnitt zeigt die Position Ihres Baumes innerhalb der vier Jahreszeiten an. Die zu diesem Zeitpunkt wirksame Sonnenenergie ist ein kosmischer Einfluss, durch den das Universum eine besonders enge Beziehung zur Erde und damit zu den an diesen Tagen geborenen Menschen herstellt.

Die einzelnen Baumfelder sind mit den Anfangsbuchstaben des betreffenden Baumes gekennzeichnet.

## Liebe und Partnerschaft

### 4. 6. – 13. 6. Erste Dekade

Ohne geistige und intellektuelle Übereinstimmung ist bei der ersten Hainbuche-Dekade keine erotische Bindung möglich. Man erwartet sich Verständnis für alles, was das eigene Ich bewegt. Durch Mitdenken und Mitfühlen kann man Menschen, die zwischen dem 4. und dem 13. Juni geboren sind, glücklich machen. Es ist hier also keineswegs genug, wenn sich eine Zweisamkeit auf einer kameradschaftlichen Basis entwickelt. Eine echte Teilnahme an allem, was das Leben schön oder auch schwer macht, ist die Idealvorstellung für eine Zweierbeziehung.

Spannungsaspekte, die für die erste Dekade niemals auszuschließen sind, werden meist durch das Element Wasser ausgelöst. Deshalb reagieren Hainbuchen besonders empfindlich im Zusammensein mit Nussbaum- oder Kastanien-Typen. Auch eventuelle Bemühungen, auf Biegen und Brechen freundlich oder herzlich zu sein, können die Diskrepanz der grundverschiedenen Wesensarten nicht überbrücken.

Als ausgezeichnetes Bindemittel erweist sich in einer engen Beziehung, von der man sich Dauerhaftigkeit erwartet, ein absolutes Treueverhalten von beiden Seiten. Auch ein gelegentliches aufrichtiges Bekennen der wahren Gefühle verfehlt nicht eine positive Wirkung.

Da Hainbuche-Leute der ersten Dekade meist handwerklich geschickt sind, kann man mit diesbezüglichen Fähigkeiten Respekt und Dankbarkeit erwarten. Das Hauptstreben ist hier jedoch stets auf den beruflichen Erfolg konzentriert. Die materielle Sicherstellung ist das Hauptargument, das immer wieder angeführt wird, wenn Streitgespräche stattfinden, die sich im Bereich der Finanzen bewegen.

## 2. 12. – 11. 12. Zweite Dekade

Ihre betont optimistische Einstellung bezieht die Hainbuche der zweiten Dekade aus dem ihr angeborenen liebenswerten und charmanten Verhalten.

Ihr Zärtlichkeitsbedürfnis könnte durch eine Verbindung mit der ersten Dekade Hainbuche (4. bis 13. Juni) auf geradezu ideale Weise befriedigt werden.

Liebesbeziehungen bekommen durch gemeinsame Interessen einen besonderen Halt.

Hainbuche-Leute der zweiten Dekade wissen, dass sie sympathisch wirken, und das wird, wenn es Not tut, bewusst eingesetzt.

Häufig kann eine konservative Einstellung festgestellt werden. Das ist jedoch in dem Augenblick nicht mehr der Fall, wenn sich eine Liebe ergibt, die vom Umfeld hart kritisiert oder sogar abgelehnt wird.

Wird es einer Hainbuche unmöglich gemacht, sich offen zu einer Beziehung zu bekennen, setzt sie rigoros einen Schlussstrich und sucht sich für die romantisch gefärbte Sinnlichkeit ein Ventil, das im künstlerischen Bereich zu suchen ist.

Der Auslöser für das lebhafte Interesse für Kunst, insbesondere Musik, ist in der Gefühlstiefe und einer gewissen Leidenschaftlichkeit zu suchen.

Die Damen unter den Hainbuchen können mit Hingabe eine Eitelkeit pflegen, die das eigene Ich in den absoluten Mittelpunkt stellt. Es gibt bei ihnen aber auch etliche andere Ziele, für die sie sich begeistern können.

# Harmonische Partnerschaften

**Hainbuche**

In der nachfolgenden Liste sind unter den Geburtsdaten der Hainbuche-Dekaden jeweils die Geburtstage eines möglichen Partners eingetragen.

Eine Partnerschaft innerhalb dieser Geburtsdaten verspricht ein angenehmes Miteinander. Man kann Verständnis füreinander aufbringen, auch wenn das Leben einmal nicht glatt verläuft oder unangenehme Zwischenfälle die Atmosphäre belasten. Es ist der Gleichklang des Grundverhaltens, der für Harmonie sorgt.

**Hainbuche – 1. Dekade, 4. 6. – 13. 6.**

| | |
|---|---|
| Zypresse – 1. Dekade | 25. 1. – 3. 2. |
| Pappel – 1. Dekade | 4. 2. – 8. 2. |
| Zeder – 2. Dekade | 14. 8. – 23. 8. |
| Kiefer – 1. Dekade | 19. 2. – 29. 2. |
| Haselnuss – 2. Dekade | 24. 9. – 3. 10. |
| Eberesche – 2. Dekade | 4. 10. – 13. 10. |
| Ahorn – 2. Dekade | 14. 10. – 23. 10. |
| Esche – 1. Dekade | 25. 5. – 3. 6. |
| Hainbuche – 1. Dekade | 4. 6. – 13. 6. |
| Feigenbaum – 1. Dekade | 14. 6. – 23. 6. |

**Hainbuche – 2. Dekade, 2. 12. – 11. 12.**

| | |
|---|---|
| Zypresse – 2. Dekade | 26. 7. – 4. 8. |
| Pappel – 3. Dekade | 5. 8. – 13. 8. |
| Zeder – 2. Dekade | 14. 8. – 23. 8. |
| Haselnuss – 1. Dekade | 24. 9. – 3. 10. |
| Eberesche – 1. Dekade | 1. 4. – 10. 4. |
| Ahorn – 1. Dekade | 11. 4. – 20. 4. |
| Esche – 2. Dekade | 22. 11. – 11. 12. |
| Hainbuche – 2. Dekade | 2. 12. – 11. 12. |
| Feigenbaum – 2. Dekade | 12. 12. – 21. 12. |

## Gesundheit

Bewegte Tage sind Hainbuche-Leuten immer willkommen. Ob sie ihnen auch zuträglich sind, ist in Frage zu stellen.

Eine angeschlagene körperliche Verfassung geht parallel mit seelischem Missbehagen. Häufig ist es die liebe Familie, die sich nicht so verhält, dass sich Hainbuche-Geborene zufrieden geben und wohl fühlen können.

Wird Ihnen der Alltagsrummel zu viel und leidet Ihr gemäßigtes Temperament, dann müssen Sie sich darum sorgen, dass das Arbeitsprogramm nicht zu umfangreich wird und Ihnen nicht über den Kopf wächst. Gönnen Sie sich ab und zu einen freien Tag. So zwischendurch einmal nichts zu tun und sich um keine Termine kümmern zu müssen, das bringt Sie schnell wieder auf die Beine.

Die kleinen Genüsse, die Sie sich an solchen Tagen leisten sollten, werden zum reinen Vergnügen. Legt sich dann auch noch Ihre Nervosität, bekommen Sie wieder Geschmack am Alltag. Auch eine sportliche Betätigung ist wieder ins Auge zu fassen.

Liegt es auch noch in Ihrer neu gewonnenen Kraft, Ihre Privatsphäre angenehm zu gestalten, müssten Sie sich gewisse Machtansprüche aus dem Kopf schlagen. Bei beiden Dekaden, ob Mann oder Frau, sind Probleme in den oberen Atemwegen nicht auszuschließen, sofern sie das dominierende Verhalten nicht ablegen.

Disharmonien im Umgang mit Familienmitgliedern, Arbeitskollegen, vielleicht sogar mit dem Lebenspartner, werden nicht ganz ohne Ihr Verschulden entstehen.

Muskelverkrampfungen sind ein erstes Anzeichen dafür, dass Sie ohne Rücksicht auf Ihr eigenes Wohlbefinden zu forsch in den Tag hineinleben!

# Feigenbaum

*14. 6. – 23. 6.*
*12. 12. – 21. 12.*

## Allgemeines

Feigenbaum-Leute haben meist einen großen Freundeskreis und ohne den einen oder anderen Intimfreund ist kein Feigenbaum-Mann denkbar. Alle Kontakte werden intensiv gepflegt, auch wenn sie nur rein geschäftlicher Natur sind.

Anpassungsfähigkeit steht bei der Juni-Dekade immer zur Verfügung. Ihre Toleranz hat jedoch Grenzen, sofern es sich um Gesprächspartner, Mitarbeiter oder Vorgesetzte handelt, die dem Feigenbaum absolut zuwider sind.

Planungen und Vorhaben, die auf irgendeine Weise ungewöhnlich oder ausgefallen sind, werden dreimal überlegt, bevor an eine Durchführung zu denken ist. Dieses sorgfältige Abwägen und Überlegen ist bei Mitarbeitern keineswegs beliebt. Feigenbaum-Charaktere besitzen jedoch einen gesunden Menschenverstand, der letzten Endes akzeptiert wird.

Gründlich und penibel, wie Feigenbaum-Geborene sind, gelingt es ihnen relativ rasch, das wahre Naturell, die wahre Persönlichkeit eines Gegenübers zu erfassen. Dies ist eine Begabung, die nur wenigen Menschen zur Verfügung steht. Es ist vor allem ein Talent, mit dem man sich Enttäuschungen weitgehend erspart.

Die körperliche Gesundheit und Fitness hat bei den Juni-Dekaden eine besondere Qualität. Überraschende Erfolge bei sportlichen Leistungen sind keine Seltenheit. Ein intensives Training, dem man sich gerne unterwirft, könnte aus Ihnen sogar eine Sportskanone werden lassen.

Das Element Luft, das Grundprinzip der Juni-Dekade, bringt

häufig überraschende Situationen, die nicht immer als wünschenswert bezeichnet werden können. Damit kommt Unruhe in ein Feigenbaum-Leben und das ist bei Feigenbaum-Typen ganz sicher nicht erwünscht und auch nicht leicht zu bewältigen.

Besondere Schwierigkeiten ergeben sich bei Behörden. Es ist der angeborene Widerspruchsgeist, der vor allem bei den Dezember-Geborenen zum Tragen kommt und der bei amtlichen Stellen nicht gerne gesehen wird. Erwarten Sie sich hier kein tolerantes Verhalten. Hier herrscht ein Geist, für den jeder Besucher, jeder Antragsteller, eine untergeordnete Position einnimmt.

Ausgezeichnete Akzente sind im Berufsleben zu erwarten, besonders dann, wenn Sie Eigeninitiative zeigen dürfen. Ergeben sich aber einmal Differenzen, versuchen Sie es mit Diplomatie. Selbst wenn Sie die eigene Meinung dabei einmal hintanstellen müssen, sollten Sie dieses Verhalten praktizieren, um eine gute Atmosphäre zu bewahren.

Erfolg versprechend sind vor allem Berufe, die dem Dienstleistungsgewerbe angehören. Dies ist ein Wirkungsbereich, der Ihrem Temperament und Ihren Vorstellungen absolut entspricht.

Sichern Sie sich immer einen Logenplatz im eigenen Heim. Entweder in einer ehelichen Gemeinschaft oder auch in einer Partnerschaft auf Zeit. Die menschliche Wärme, die Sie hier genießen, aktiviert Ihr Empfindungsvermögen und damit stellt sich auch das ein, was als Lebensglück bezeichnet werden kann.

Initiative im Beruf braucht man Ihnen nicht eigens ans Herz zu legen. Kleine und größere Glückssträhnen sind geeignet, Ihren Arbeitseifer ganz gewaltig zu steigern.

Koordinieren Sie dann noch Ihren beruflichen Eifer mit den Interessen eines Chefs, könnte sich eine Zusammenarbeit ergeben, die den Beruf schon fast zum Vergnügen werden lässt. Und nicht nur das, menschliche Verbundenheit bringt auch ideelle Werte ein.

Der Gedanke, einen Chef, vielleicht auch einen Geschäftspartner zu haben, der stets gefragt werden möchte, ohne dessen ausdrückliche Zustimmung nichts beschlossen werden darf, hat für die Dezember-Dekade etwas Beängstigendes, ob es sich dabei nun um Feigenbaum-Damen oder -Herren handelt. Diese Hürde ist jedoch schnell überwunden, sollten Sie sich eine absolute Vertrauensbasis erarbeitet haben.

Persönliche Kontakte mit Menschen, die Sie in der Vergangenheit nicht besonders geschätzt haben, werden Sie schnell davon überzeugen, dass Ihre Abneigung nicht berechtigt war. Das schönste Gefühl, das sich bei dieser Erkenntnis einstellt, ist, sich von einer Untugend befreit zu haben, die alles sofort als negativ empfindet, was nicht dem persönlichen Ich entspricht.

Dem Juni-Feigenbaum ist besondere Vorsicht im Straßenverkehr zu empfehlen. Sie haben das Element Feuer als Basis Ihres Verhaltens. Dieses Element kann leichtsinnig machen!

Die Monate Februar, Mai, Juni, September und Oktober setzen sich in bemerkenswert freundlicher Weise für sie ein. In diesen Monaten bekommen Feigenbaum-Leute beider Dekaden kosmische Strahlungen zu spüren, die das Thema Liebe auf den Plan rufen.

Das Zusammensein mit einem Partner oder mit der Familie wird jetzt gefühlsbetont und übt mit besonderer Wärme und Herzlichkeit eine geradezu wohltuende Wirkung auf sie aus. Es wird an Hinweisen nicht fehlen, dass kleine Aufmerksamkeiten und Zuwendungen angebracht wären, um sich nun besonders freundlich und angenehm zu zeigen. Das knochentrockene Verhalten, das Feigenbaum-Damen und -Herren zeitweise an den Tag legen, ist nämlich höchst ungeeignet, Zuneigung hervorzurufen, und wird von der Liebe erst recht niemals akzeptiert.

Auch am Arbeitsplatz ist in diesen Zeiten nicht jedes Plus von Ihrem fachlichen Wissen und Ihrem persönlichen Einsatz abhängig. Der freundliche Umgang mit Kollegen, das aufmerksame Zuhören, wenn der Chef seine Meinung äußert, sind genauso wichtig für das berufliche Fortkommen.

An neutralen Tagen, wenn die Liebe nicht mehr an erster Stelle steht, ergreift der Beruf wieder voll und ganz von Ihnen Besitz. Sollte jedoch einmal die Lust zu einem größeren Engagement fehlen, wird dadurch noch lange keine Panikstimmung ausgelöst. Feigenbaum-Geborene, ob im Juni oder im Dezember zur Welt gekommen, können sich auch mit größtem Vergnügen dem süßen Nichtstun hingeben.

Sie sind eigentlich als Glückspilze zu bezeichnen, denn sie besitzen ein feines Gespür dafür, wie sie sich den Schicksalsfügungen gegenüber angemessen zu verhalten haben.

Haben Sie nachts (6 Uhr abends bis 6 Uhr morgens) das Licht der Welt erblickt, befinden Sie sich generell in Bestform, niemals lassen Sie sich zu einer Klage hinreißen.

Außergewöhnlich hoch werden Freundschaften eingestuft. Aus jeder Bekanntschaft kann von heute auf morgen eine enge Freundschaft entstehen. Bei entscheidenden Veränderungen im Leben sind es auch meist die Freunde, die um einen guten Rat gebeten werden.

Im Herzensbereich stellt sich das Verhältnis zu einem oder einer Geliebten nach Höhepunkten der Zuneigung recht schnell auf Normalität ein. Es kann sein, dass dies einem liebevollen Partner nicht unbedingt zusagt. Sie sollten rücksichtsvoll und vorsichtig mit den Gefühlen des Anderen umgehen. Eine stets nagende Unzufriedenheit bringt das schönste Liebesgebäude zum Einsturz.

Auseinandersetzungen, die zu befürchten sind, werden relativ leicht verkraftet. Haben Sie eine endgültige Trennung ins Auge gefasst, so ist es jedoch fragwürdig, ob ein Partner, der mit Ihrem geistigen Niveau auf einer Stufe steht, diese Entscheidung ohne größere Schwierigkeiten akzeptiert.

# Konzentrierte Sonnenenergie für meinen Baum

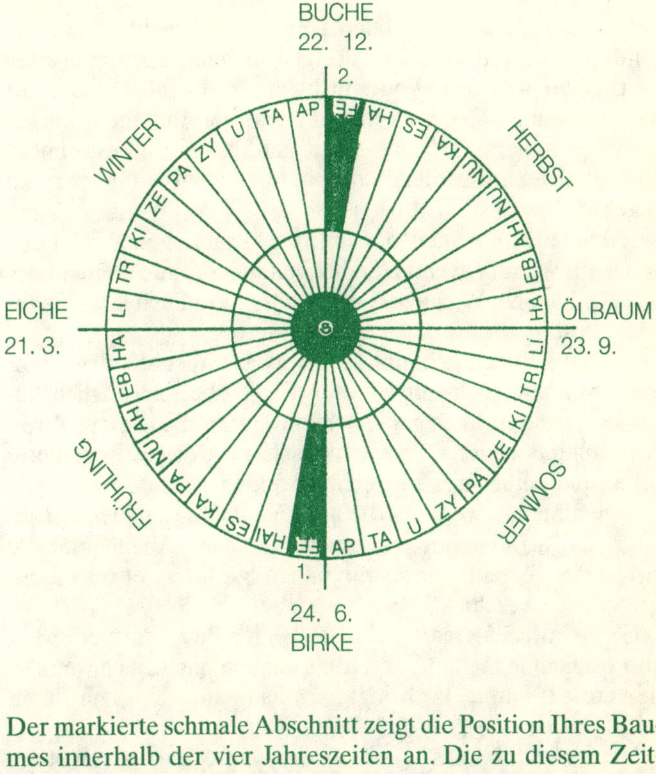


Der markierte schmale Abschnitt zeigt die Position Ihres Baumes innerhalb der vier Jahreszeiten an. Die zu diesem Zeitpunkt wirksame Sonnenenergie ist ein kosmischer Einfluss, durch den das Universum eine besonders enge Beziehung zur Erde und damit zu den an diesen Tagen geborenen Menschen herstellt.

Die einzelnen Baumfelder sind mit den Anfangsbuchstaben des betreffenden Baumes gekennzeichnet.

# Liebe und Partnerschaft

## 14. 6. – 23. 6. Erste Dekade

Feigenbaum-Leute der ersten Dekade sind nicht immer besonders rücksichtsvoll. Das bringt verständlicherweise jeden Partner, ob pflegeleicht oder nicht, auf die Palme. Damit sinkt die Stimmung auf den Nullpunkt und der Tag endet ausgesprochen ungemütlich und meist mit Tränen. In bestimmten Situationen wäre es daher ratsam, die Impulsivität etwas zu zügeln.

Jeder hat mit seinen persönlichen Problemen seine liebe Not; kein Wunder, wenn Herzlichkeit und Fröhlichkeit auf der Strecke bleiben. Wichtig ist dann, dass nicht auch noch finanzielle Probleme heraufbeschworen werden.

Sollten sich Feigenbaum-Leute etwas unbeholfen vorkommen, wenn sie sich mit voller Absicht überschwänglich liebenswert und fröhlich geben, um die Harmonie in einer Zweierbeziehung zu retten, so wird doch auch dieses inszenierte Schauspiel seine Wirkung nicht verfehlen.

Legen Sie ein wenig Farbe auf, ziehen Sie sich etwas Hübsches an, arrangieren Sie ein gemütliches Abendessen zu zweit! Als Feigenbaum-Dame haben Sie für so etwas ausgesprochenes Geschick!

Grübeln Sie niemals über die Fehler Ihres Partners nach und verzichten Sie auf Vergeltungsmaßnahmen, auch wenn er sie verdient hätte. Das bringt gar nichts, am wenigsten Ihnen selbst.

Vergessen Sie alles, was über die innere Zufriedenheit erzählt wird, die mit Pflichtbewusstsein und Pflichterfüllung zu erreichen ist. In einer Krisenstimmung innerhalb einer Partnerbeziehung ist das alles völlig unbrauchbar. Das Liebesklima muss angenehm sein, dann ist für Feigenbaum-Damen und -Herren die Welt in Ordnung.

## 12. 12. – 21. 12. Zweite Dekade

Ob Frau oder Mann, mit den Geburtsdaten 12. bis 21. Dezember haben Sie so ausgezeichnete Anlagen mitbekommen, dass Sie auch bei schwierigsten Partnerproblemen einen gangbaren Weg finden werden. Die Sorge und die Bemühungen um das leibliche Wohl eines Partners ersetzen dann häufig das Liebesleben!

Alles, was sich innerhalb einer Partnerbeziehung abspielt, wird von Feigenbaum-Leuten mit innerer Anteilnahme erlebt. Es ist ihnen jedoch unmöglich, sich an ein melancholisches Grundverhalten, wie es z. B. bei gewissen Apfelbaum-Typen der Fall sein könnte, zu gewöhnen. Feigenbaum-Leute werden misstrauisch und unzufrieden, wenn sie sich mit dieser Verhaltensweise auseinander setzen müssen.

Idealismus und Begeisterungsfähigkeit sind bei Feigenbaum-Damen wie Feigenbaum-Herren stets vorhanden. In manchen Lebensphasen wird sich auch der beste Partner damit nicht anfreunden können. Möglicherweise sind Sie dann enttäuscht und kreiden ihm das als Interesselosigkeit an. Ihr Ehrgeiz erwartet Anerkennung und Beachtung für alles, was Ihre Person betrifft. Das ist verständlich, doch nicht für einen Partner, der z. B. beruflich mit Schwierigkeiten zu kämpfen hat.

Das wirklich schwierige Problem ist für Feigenbaum-Damen: Sie wollen nur zu gerne die Führungsrolle in einer Ehe übernehmen! Das will und kann ein Mann nur in den seltensten Fällen akzeptieren. Wie ein derartiger Anspruch endet, ist vorauszusehen.

Zügeln Sie also Ihr demonstrativ dominierendes Verhalten, wenn Sie Liebe, Zuneigung und Zärtlichkeit erwarten. Eine untergeordnete Rolle liegt keinem Mann. Wollen Sie ihn behalten und sich mit ihm ein harmonisches Leben gestalten, dann hilft nur ein Kompromiss.

# Harmonische Partnerschaften

**Feigenbaum**
In der nachfolgenden Liste sind unter den Geburtsdaten der Feigenbaum-Dekaden jeweils die Geburtstage eines möglichen Partners eingetragen. Eine Partnerschaft innerhalb dieser Geburtsdaten verspricht ein angenehmes Miteinander. Man kann Verständnis füreinander aufbringen, auch wenn das Leben einmal nicht glatt verläuft. Es ist der Gleichklang des Grundverhaltens, der für Harmonie sorgt.

**Feigenbaum – 1. Dekade, 14. 6. – 23. 6.**

| | |
|---|---|
| Zypresse – 1. Dekade | 25. 1. – 3. 2. |
| Pappel – 1. Dekade | 4. 2. – 8. 2. |
| Zeder – 1. Dekade | 9. 2. – 18. 2. |
| Kiefer – 1. Dekade | 19. 2. – 29. 2. |
| Haselnuss – 1. Dekade | 22. 3. – 31. 3. |
| Eberesche – 2. Dekade | 4. 10. – 13. 10. |
| Ahorn – 2. Dekade | 14. 10. – 23. 10. |
| Esche – 1. Dekade | 25. 5. – 3. 6. |
| Hainbuche – 1. Dekade | 4. 6. – 13. 6. |
| Feigenbaum – 1. Dekade | 14. 6. – 23. 6. |
| Ölbaum | 23. 9. |

**Feigenbaum – 2. Dekade, 12. 12. – 21. 12.**

| | |
|---|---|
| Zypresse – 2. Dekade | 26. 7. – 4. 8. |
| Pappel – 2. Dekade | 5. 8. – 13. 8. |
| Zeder – 2. Dekade | 14. 8. – 23. 8. |
| Haselnuss – 1. Dekade | 24. 9. – 3. 10. |
| Eberesche – 1. Dekade | 1. 4. – 10. 4. |
| Ahorn – 1. Dekade | 11. 4. – 20. 4. |
| Esche – 2. Dekade | 22. 11. – 21. 12. |
| Hainbuche – 2. Dekade | 2. 12. – 11. 12. |
| Feigenbaum – 2. Dekade | 12. 12. – 21. 12. |

# Gesundheit

Feigenbaum-Geborene haben meist das Glück, sich mit einem geeigneten Partner zu verbinden, wenn sie auf ihre Veranlagung achten, die von den Elementen Feuer und Luft bestimmt wird.

Das lebhafte Temperament, vom Element Feuer angeheizt, und die unbeschwerte Lebenseinstellung, vom Element Luft gefördert, können eine Partnerschaft recht glücklich werden lassen.

Auch wenn die Persönlichkeitsstrukturen völlig verschieden sind, so bietet eine gemeinsam vorhandene Erlebnisbereitschaft doch eine gute Basis.

Haben Sie aber große Mühe, sich in eine Lebensgemeinschaft einzufügen, sind Schlafstörungen die ersten Anzeichen dafür, dass Sie mit sich selbst unzufrieden sind. Auch kommen Sie dabei mit Energieströmungen in Kontakt, die Ihren Bemühungen deutlich entgegenarbeiten. Sind dann noch grundlegende Unterschiede im Gemütsbereich und im sozialen Milieu vorhanden, werden die Schwierigkeiten nur schwer zu überbrücken sein.

Zwei Schwerpunkte gibt es, die deutlich machen, woran es hapert. Der eine zeigt sich in der Abneigung, sein Leben mit einem Menschen bis in die intimsten Einzelheiten zu teilen, der andere in aufkommenden Zweifeln, ob man sich bei der Partnerwahl richtig entschieden hat.

Selbsterkenntnis ist hier, wie so oft, ein bewährtes Mittel, um sich eine Basis zu sichern, mit der man gesund und wohlauf bleiben kann.

# EICHE

*21. 3.*

## Allgemeines

Am 21. März überschreitet die Sonne den Frühlingspunkt. Das Element Feuer, dem die Eiche zugeordnet ist, wird jeden beeinflussen, der an einem 21. März geboren wurde. Es ist pure Energie, die in jeder Lebensphase äußerst hilfreich sein kann.

Eine frühlingshafte Aufbruchstimmung teilt sich jedem mit, der am Tag der Eiche zur Welt kam. Jedes Erlebnis wird intensiv wahrgenommen. Nichts geht einem Eiche-Naturell verloren, soweit es sich um Eindrücke handelt, die für das eigene Ich verwertet werden können.

Eichen sind geradlinig und ehrlich und mit einer beinahe jugendlichen Unbekümmertheit gehen sie an alles heran, was die Seele bewegt, den Geist anspricht und dem Körper gut tut!

Der auffälligste Zug ist ein unerhört stabiles Selbstvertrauen. Sollte einmal besonderer Mut vonnöten sein, steht auch er in einem ungewöhnlichen Ausmaß zur Verfügung.

Stets sind Eiche-Geborene schnell entschlossen, ab und zu vielleicht etwas zu schnell! Geduld und Selbstkritik sind hier häufig Mangelware.

Ein bisschen mehr Humor wäre in kritischen Situationen von Vorteil!

Eiche-Leute haben den Kopf stets voller Pläne. Lassen sich auch nur einige davon realisieren, sind sie überglücklich. Dies bezieht sich überwiegend nur auf den beruflichen Bereich. Mit der Liebe, mit einem Partner stellen sich ab und zu Pro-

bleme ein. Doch das ist noch lange kein Grund, sich deshalb Sorgen zu machen. Gönnen Sie sich an den Tagen, die Sie beruflich nicht voll in Anspruch nehmen, einen Blick auf die vielen angenehmen Aspekte des Lebens. Einer der angenehmsten ist immer noch die Liebe!

Gehen Sie dabei auch einmal in die Offensive! Das Beste und Schönste wird nicht immer freiwillig angeboten.

Eichen sind unentwegt aktiv und immer interessiert. Warum sollte das nicht auch im Privatbereich funktionieren? Machen Sie sich interessant, holen Sie die sanften Seiten aus sich heraus. Es ist nicht unbedingt Ihr Selbstbewusstsein, das Sie auf recht betonte Art und Weise zur Schau stellen, das den Leuten und vor allem einem potenziellen Partner imponiert. Ein herzliches, geschmeidiges Eingehen auf die Umwelt verschafft sehr viel mehr Chancen, sich für das private Leben gut zu versorgen.

Versuchen Sie es also einmal mit »Samtpfoten«. Ein allzu energisches Auftreten und siegessicheres Verhalten nehmen Ihnen den Charme, der überall gut ankommt und den man sich gerne gefallen lässt.

Machen Sie in Ihrem Herzen Platz für Gefühle. Besonders den Eiche-Damen ist dies sehr zu empfehlen. Sie haben alle einen wunderbaren Optimismus mitbekommen, der überall willkommen ist.

Gewisse Zeitabschnitte in den April-, August- und den ersten drei Dezemberwochen können von hervorragender Bedeutung sein und sollten mit besonderer Aufmerksamkeit registriert werden.

Das Eiche-Symbol vermittelt jetzt ausreichende Energien, um auch völlig neue Berufsmöglichkeiten ins Auge zu fassen und zu planen oder um gravierende Veränderungen im Privatbereich einzuleiten.

In dieser Zeit, in der sich Ihr tatsächliches Naturell besonders angesprochen fühlt, sollte nur das eigene, persönliche Ich zu Wort kommen. Sie meinen, das sei selbstverständlich? Selbstverständlich ist Ihnen aber nur das Verhalten, an das Sie seit frühester Kindheit gewöhnt sind, vom Elternhaus geprägt, von der Schule geformt und von den täglichen Ereignissen manipuliert. Das ist meist nicht mehr das Eiche-Naturell, wie es von Anfang an gedacht war.

Mit den neuen kosmischen Strömen, meist ausgelöst von dem Element Feuer, das Ihnen am Tag der Geburt zugesprochen wurde, bekommt Ihr Auftreten etwas Natürliches, Ungezwungenes. Auch Ihre Naturverbundenheit kann sich dabei entwickeln, die nicht nur auf Wald und Wiese beschränkt ist.

Kraft und Energie, von denen behauptet wird, sie seien der Hauptakzent im Eiche-Verhalten, können auch in falsche Kanäle geleitet werden. In diesen Tagen, die Ihrem seelischen, geistigen und körperlichen Wohlbefinden besonders zuträglich sind, haben Sie die Chance, sich auf Kanäle zu besinnen, die Ihrem Ich absolut entsprechen.

Als Eiche-Geborene haben Sie das Talent mitbekommen, stets das Angenehme mit dem Nützlichen zu verbinden. Auch in spannungsgeladenen Situationen wahren Sie immer das Gesicht. Es ist ein probates Mittel, das Ihnen über Unannehmlichkeiten elegant hinweghilft.

Ihr Verhalten, selbstbewusst und sehr dominierend, trägt Ihnen den Ruf ein, über Führungstalente zu verfügen. An entsprechender Stelle eingesetzt, kann dies den Weg zu einer erfreulichen Karriere frei machen. Vom Kollegenumfeld wird dies häufig mit Neid und Missgunst quittiert. Doch Ihr Prestige ist unantastbar und an übergeordneter Stelle ist man von Ihren beruflichen Fähigkeiten stets überzeugt.

Ein Gedankenaustausch über den Bereich Liebe und Partnerschaft bringt häufig etwas zutage, was man bei Eiche-Geborenen nicht erwarten würde: Herzlichkeit im Beurteilen der lieben Nächsten und Vertrauen auf ein Schicksal, das durch eigenes Bemühen irgendwie immer in den Griff zu bekommen ist.

Gegenüber Menschen, die Ihnen besonders liegen, verhalten Sie sich manchmal vielleicht zu offen und vertrauensselig. In Liebesbeziehungen bringt das jedoch keine Nachteile ein. Eiche-Leute entscheiden sich nie spontan und wissen deshalb genau, was sie von einem Partner zu erwarten haben und was nicht. Dementsprechend ist das Eiche-Verhalten meist rau, aber herzlich! Sie wissen, dass dies mit Ihrem Naturell zu tun hat, und haben sich längst damit abgefunden, dass Sie nicht zu den Zärtlichen und Hingebungsvollen gerechnet werden können.

Die solide Grundeinstellung, für die Eiche-Leute berühmt sind, macht sich bei jeder Tätigkeit, ob im Beruf oder im eigenen Heim, äußerst angenehm bemerkbar. Haben Sie sich damit besonderes Vertrauen und Achtung erworben, können Sie mit einem guten Auskommen mit allen Leuten rechnen, die Ihnen irgendwie nahe stehen.

Manchmal ist bei Eichen eine gewisse Menschenscheu vorhanden. Niemand muss Sie darauf aufmerksam machen, dass diese für rosarote Zukunftsträume nicht geeignet ist. Haben Sie diese Hürde einmal geschafft, die sowieso nicht so ganz zu begreifen ist, kann Ihr Eiche-Temperament nicht mehr aufgehalten werden.

Das Bedürfnis der Eichen nach Harmonie und Gleichklang ist immer darauf angewiesen, dass der Partner sich überzeugen lässt, dass die Wesensart einer Eiche-Frau oder eines Eiche-Mannes ihre Berechtigung hat. Ein diplomatisches Verhalten ist meist der einzige Weg, um privat gut über die Runden zu kommen.

Beklagen sich so dann und wann Ihre Freunde, dass Sie ein unbequemes und aufreizendes Verhalten an den Tag legen, so besagt das noch lange nichts. Es sind meist nur Augenblickseindrücke, die schon nach wenigen Tagen keine Gültigkeit mehr haben.

Das gelegentlich aufbrausende Temperament der Eiche-Damen und -Herren hat einen völlig natürlichen Ausgangspunkt. Natürlich heißt in diesem Fall: das Naturgeschehen ist Veranlassung für die vorhandene Grundsubstanz. Natur kann schön oder weniger schön sein – immer aber muss sie akzeptiert werden. Nichts geschieht hier aus böser Absicht.

# Konzentrierte Sonnenenergie für meinen Baum

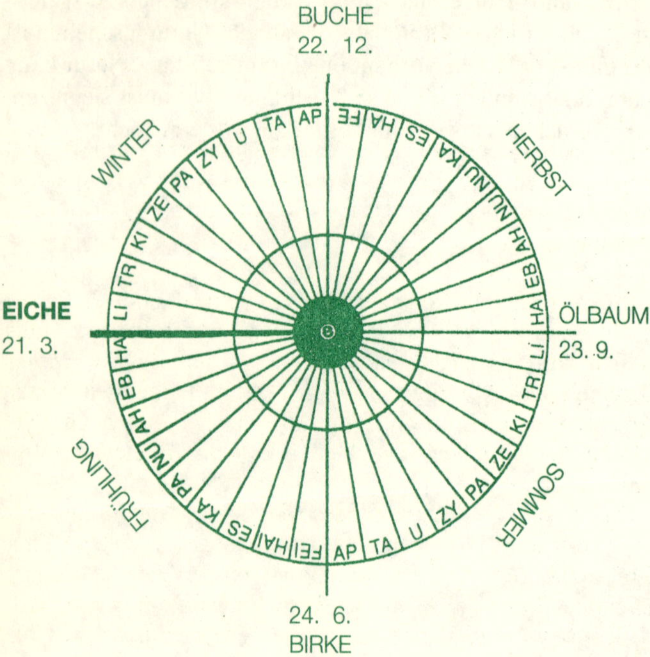


Der markierte schmale Abschnitt zeigt die Position Ihres Baumes innerhalb der vier Jahreszeiten an. Die zu diesem Zeitpunkt wirksame Sonnenenergie ist ein kosmischer Einfluss, durch den das Universum eine besonders enge Beziehung zur Erde und damit zu den an diesen Tagen geborenen Menschen herstellt.

Die einzelnen Baumfelder sind mit den Anfangsbuchstaben des betreffenden Baumes gekennzeichnet.

## Liebe und Partnerschaft

Mit der Partnerwahl haben Eiche-Typen keine Mühe. Sie sind alle kontaktfreudig und geben sich absolut natürlich. Das höchst aktive Eiche-Naturell verwandelt sich, wenn es mit der Liebe in nähere Berührung kommt, häufig in ein überaus romantisches, Ideale verehrendes Wesen.

Die persönliche Freiheit geht trotzdem über alles. Man bleibt auch in einer ehelichen Bindung äußerst gesellig. Man umgibt sich gern mit Freunden und eine gewisse Vergnügungssucht ist ebenfalls nicht wegzuleugnen. Häufig wird die außergewöhnliche Hilfsbereitschaft der Eiche-Leute mit Liebe verwechselt.

Ihre Vorliebe für Luxus und für ein genussfreudiges Leben macht aus dem Eiche-Typus ein überall geschätztes und – falls es sich um eine Eiche-Dame handelt – anbetungswürdiges Geschöpf. Das allerdings spielt sich nur im Geheimen, hinter verschlossenen Türen ab. Wer sollte auch heute noch Verständnis dafür haben, dass das Objekt der Begierde anbetungswürdig ist?

Die Idealvorstellung für jeden, der das Geburtsdatum des 21. März hat, ist das eigene Haus, ein geschmackvolles Heim. Eine erzkonservative Einstellung ist immer eine Begleiterscheinung des Eiche-Naturells, die sich nicht verleugnen lässt.

Gehört man zu den Nachtgeborenen (6 Uhr abends bis 6 Uhr morgens), schätzt man in einer Liebesbeziehung den kameradschaftlichen Umgang. Leidenschaftliche Gefühlsäußerungen sind dann nicht zu erwarten.

# Harmonische Partnerschaften

**Eiche**

In der nachfolgenden Liste sind unter dem Geburtsdatum der Eiche-Geborenen jeweils die Geburtstage eines möglichen Partners eingetragen.

Eine Partnerschaft innerhalb dieser Geburtsdaten verspricht ein angenehmes Miteinander. Man kann Verständnis füreinander aufbringen, auch wenn das Leben einmal nicht glatt verläuft oder unangenehme Zwischenfälle die Atmosphäre belasten. Es ist der Gleichklang des Grundverhaltens, der für Harmonie sorgt.

**Eiche, 21. 3.**

| | |
|---|---|
| Apfelbaum – 2. Dekade | 25. 6. – 4. 7. |
| Tanne – 2. Dekade | 5. 7. – 14. 7. |
| Ulme – 2. Dekade | 15. 7. – 25. 7. |
| Trauerweide – 1. Dekade | 1. 3. – 10. 3. |
| Linde – 1. Dekade | 11. 3. – 20. 3. |
| Nussbaum – 2. Dekade | 24. 10. – 11. 11. |
| Kastanie – 2. Dekade | 12. 11. – 21. 11. |
| Birke | 24. 6. |

## Gesundheit

Obwohl die Eiche für unsere Begriffe ein besonders robuster Baum ist, haben doch bei den Menschen, die an einem 21. März geboren wurden, gefühlsbetonte Lebensvorgänge immer Vorrang. Die ewige Sehnsucht der Eiche-Geborenen gilt den Idealvorstellungen rund um das Thema Liebe. Es wird wohl der Frühlingsbeginn mit der plötzlich einsetzenden Sonnenenergie sein, der auch bei den Menschen, die am Tag des Frühlingsbeginns geboren wurden, besonders emotionale Regungen auslöst. Auffällig ist, dass Liebesbeziehungen, die sie mit einem Partner eingehen, der in den Monaten April, Juni, August, Oktober und den ersten drei Dezemberwochen geboren wurde, ganz ausgezeichnet funktionieren.

Die vier Jahreszeiten und ihr bemerkenswerter Wechsel beeinflussen das Wohlbefinden und die Laune der Eichen erheblich. Sanfte Energieeinwirkung in Form von Massagen ist sehr zu empfehlen, sollten sich diesbezüglich Beschwerden einstellen.

Ein zu starkes Empfinden, das sich auch in weniger glücklichen Partnerbeziehungen bemerkbar machen kann, setzt die Persönlichkeit der Eiche-Leute stark unter Druck. Hierbei ist Vorsicht geboten!

Das eigene Ich darf um der Liebe willen nie auf der Strecke bleiben. Solch rücksichtsloses Verhalten sich selbst gegenüber kann schwere psychosomatische Beschwerden hervorrufen.

Sie sollten immer versuchen, mit sich und Ihrem Umfeld im Reinen zu sein. Denn innerer Zwiespalt wird mit einer Überempfindlichkeit gegen Lärm quittiert. In Krisensituationen also möglichst auf Ruhe achten. Lärm und Trubel sollten dann absolut tabu für Sie sein.

# Birke

*24. 6.*

## Allgemeines

Die Birke ist ein Baum, der an Lieblichkeit und Eleganz von keinem anderen zu übertreffen ist. Sind Sie am 24. Juni geboren, teilt sich diese außergewöhnlich erfreuliche Art auch Ihrer Persönlichkeit mit. Es leuchtet ein, dass damit alle Lebensvorgänge von der Seele aufgenommen und verarbeitet werden. Man findet sie entweder besonders angenehm oder betont unangenehm. Ein Mittelding zwischen schön und hässlich ist fast nicht möglich.

Ihre Laune, Ihre Stimmung ist weitgehend davon abhängig, wie Sie die Eindrücke aufnehmen und wie diese für das eigene Leben verarbeitet werden.

Sehen Sie sich eine Birke an, die fein gezackten Blätter, die mit dünnen Stängelchen an den Ästen befestigt und unaufhörlich in Bewegung sind. Es liegt auf der Hand, dass diese entzückende Nervosität sich auf einen Birke-Schützling übertragen kann.

Übersetzt auf menschliches Verhalten, heißt dies: Stets ist man hellwach und nichts entgeht der seelischen Empfindsamkeit. Es ist verständlich, dass man sich gegen diese ständige, von kosmischen Energien ausgelöste Gebundenheit wehrt und versucht, gegen diesen aufgezwungenen Lebensstrom zu rebellieren.

Eine gewisse innere Unsicherheit ist nach Abschluss der jugendlichen Entwicklungsperiode meist beendet. In der darauf folgenden Lebensphase erweckt man zeitweise den Eindruck, dass man zart wie ein Reh, aber auch hart wie Stahl sein kann.

Schauspieler, die der Beruf zur Wandlungsfähigkeit erzogen hat, sind die idealen Vertreter des Birke-Typs.

Ein kosmischer Trend, der sich in schöner Regelmäßigkeit jedes Jahr in den Monaten Februar, Juni und Oktober wiederholt und in den Sie einbezogen werden, macht Ihnen deutlich, was Sie zu erwarten haben, wenn alles gut läuft. Aktion und Initiative werden Sie jetzt auf Trab halten.

Innerhalb enger Freundschaften darf es allerdings keine schwerwiegenden Probleme geben. Auch in der Familie (Eltern und Geschwister), in Partnerschaften und gegenüber den eigenen Kindern sollte nie versucht werden, den eigenen Standpunkt rücksichtslos klarzumachen oder gar durchzusetzen.

Hier, in diesem Personenkreis, sind Sie als Birke-Geborener davon abhängig, dass Harmonie und gegenseitiges Verständnis herrschen. Wo sonst sollten Sie die Kraft tanken, die Ihnen vom Leben abverlangt wird?

Birke-Damen und -Herren müssen sich wohl fühlen, um das Leben zu meistern. Stress schon am frühen Morgen, im Gewühl der Leute oder unterwegs im Auto ist eine unerhörte Belastung für ein empfindsames Birke-Naturell.

Sie müssen sich klar darüber sein, dass Sie einen ruhigen Pol brauchen. Wo sonst sollte dieser zu finden sein, wenn nicht im Kreise der Angehörigen? Daher ist es wichtig, sich eine Basis zu schaffen, auf der an vielen Tagen des Jahres in Zufriedenheit, Fröhlichkeit und Unbeschwertheit gelebt werden kann.

Neues und Überraschendes passt den Birke-Damen ebenso wenig ins Konzept wie den Herren, wenn das Element Feuer sich allzu deutlich bemerkbar macht. Wahrscheinlich ist es die lebhafte, noch im tiefsten Innern zu spürende Beweglichkeit, die ihnen an manchen Tagen zu viel wird. Unerfreuliche Ereignisse oder auch Reisen, die nicht geplant waren und sich zwangsweise ergeben, lösen sogar körperliches Unbehagen aus.

Das nächste Umfeld von Birke-Geborenen ist immer wieder erstaunt, dass sich so dann und wann eine Verhaltensweise zeigt, die von der gewohnten Art völlig abweicht. Birken mit ihrem silbrig glänzenden Stamm, mit weißen und dunklen Flecken in ihrer Baumrinde, sind das Abbild dieser äußeren Zwiespältigkeit. Ernsthafte Missverständnisse mit nahe stehenden Menschen sind jedoch nie zu erwarten.

Das Element Luft bestimmt das Tun und Denken der Birke. Am eindringlichsten macht es sich im Privatleben bemerkbar. Luft, dieses zarte, bewegliche und schwerelose Element, schafft einen Menschentyp, der mit ausgezeichneten Lebensmöglichkeiten rechnen darf.

Immer wenn die Liebe in den Mittelpunkt Ihrer Interessen rückt, sollten Sie tief durchatmen, um alle Lebensgeister zu mobilisieren. Nur so können Sie die Liebe mit all ihren Möglichkeiten und Konsequenzen optimal genießen.

Herrlich ist es für Birke-Geborene, ihre Zeit mit jungen Menschen zu verbringen. Sie erfreuen sich an der Unbekümmertheit der Jugend, die dem Birke-Naturell so ähnlich ist.

Für Birke-Damen könnte sich in den Wintermonaten Überraschendes ergeben. In den meisten Fällen ist es ein Mann, der ihr Interesse weckt und der ihnen besonders zusagt.

Geraten Sie nicht gleich aus der Fassung, sollte sich das Liebesglück nicht sofort in vollem Ausmaß entwickeln. Wichtig ist nur, dass Sie sich um Ihr Glück bemühen. Aber bitte in Maßen!

Zeigen Sie sich ruhig charmant und liebenswert, zeigen Sie auch, dass Sie sehr klug sind! Denn Dummchen sind laufend zu haben!

Nur mit dem Austausch netter Worte wird niemand auf Sie aufmerksam und dass Sie an einem engeren Kontakt interessiert sind, kann man Ihnen wahrscheinlich nicht einfach von den Augen ablesen.

Auch im Beruf könnten Sie ein Eisen im Feuer haben, sofern die Monate Dezember, Januar und Februar im Kalender stehen. Pflegen Sie die gute Beziehung zu einem qualifizierten Mitarbeiter. Auch die Aufmerksamkeit aus der Chefetage kann von besonderem Wert sein.

Sind Sie auf dem besten Weg, beruflich ein gutes Stück voranzukommen, oder haben Sie ein besonderes Ziel vor Augen, wären die Dezember- und Januarwochen dafür am aussichtsreichsten. Mit der ganz normalen Pflichterfüllung sind jetzt allerdings keine Kastanien aus dem Feuer zu holen. Die Bemühung um Mitarbeiter, deren Wohlergehen Ihnen häufig am Herzen liegt, ist nun unnötiger Ballast. Es sind ja nicht viele Tage, an denen Sie konsequent um Ihre Karriere bemüht sein müssen.

Sonnenenergie, maskulin gefärbt und im Monat August besonders aktiviert, sorgt an manchen Tagen für Veränderungen im großen Stil.

Beruflich ergeben sich in diesen Zeiten jedoch keine besonderen Möglichkeiten. Ihre optimistische Einstellung bei allem, was Ihre finanzielle Lage betrifft, ist befriedigend. Vor großen Geldausgaben wäre jedoch zu warnen.

Zeigen sich Mitarbeiter als Verbündete, die sich Ihnen allzu bereitwillig zur Verfügung stellen, ist zur Vorsicht zu mahnen.

Besonders wenn Sie nachts geboren sind, entwickeln Sie eine besondere Intensität bei Ihnen ungewohnt angetragenen Aufgaben.

Sind Sie gezwungen, Hilfe anzunehmen, scheuen Sie sich nicht, ja zu sagen. Ihre Ausstrahlung ist dank des Birke-Naturells so angenehm und eindringlich, dass man eine Zusammenarbeit mit Ihnen für wünschenswert erachtet, auch wenn Ihr Können und Ihr Wissen unzureichend wären. Die Gabe, auf andere Menschen eingehen zu können, macht sich bei allen Birken sehr angenehm bemerkbar.

Die Birke, seit undenklichen Zeiten als Symbol für blühenden Frühling bekannt, ist eigentlich ein Kind des Sommers. Die Intensität der Sommersonnenstrahlung bekommt sie jedenfalls schon zu spüren. Eine hervorragende Bestätigung für den besonderen Reiz, der allen mitgegeben wird, die am 24. Juni das Licht der Welt erblicken.

# Konzentrierte Sonnenenergie für meinen Baum

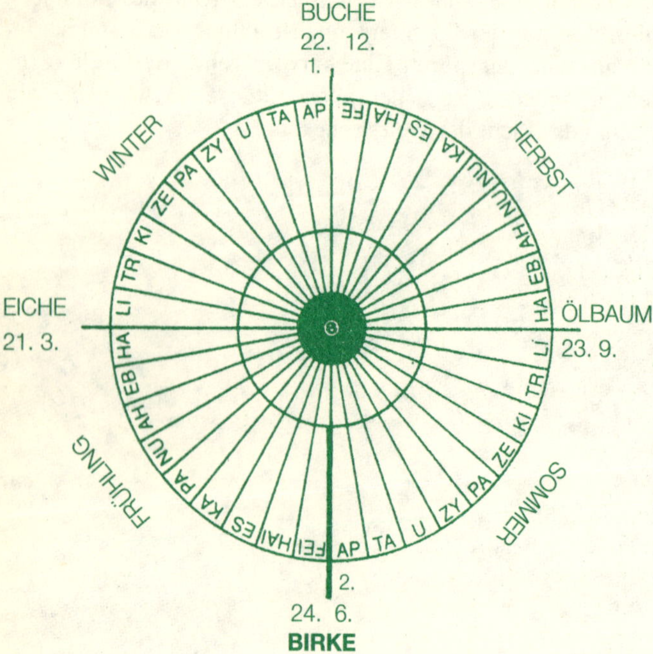


Der markierte schmale Abschnitt zeigt die Position Ihres Baumes innerhalb der vier Jahreszeiten an. Die zu diesem Zeitpunkt wirksame Sonnenenergie ist ein kosmischer Einfluss, durch den das Universum eine besonders enge Beziehung zur Erde und damit zu den an diesen Tagen geborenen Menschen herstellt.

Die einzelnen Baumfelder sind mit den Anfangsbuchstaben des betreffenden Baumes gekennzeichnet.

## Liebe und Partnerschaft

Die Birke strebt wie kein anderes Baumsymbol nach einer festen, dauerhaften Beziehung. Ob weiblich oder männlich, man ist gefühlsbetont und kann mit Phasen rechnen, die mit einem starken Zärtlichkeitsbedürfnis reich gesegnet sind.

In jungen Jahren gerät das Gefühlsleben in einzelnen Fällen außer Kontrolle. Differenzen im Elternhaus sind meist die Ursache.

In engen Bindungen, in einer Ehe, wird die zur Verfügung stehende Energie für den Erwerb von Besitz eingesetzt. Die Liebe braucht bei Birken keine Energiezufuhr aus kosmischen Bereichen, sie ist sich selbst genug.

Ein geliebter Partner wird häufig als persönlicher Besitz angesehen. Es gibt Leute, die das durchaus für erstrebenswert halten!

Gerät das Liebesleben einer Birke einmal in eine Krise, so ist das in jedem Fall eine Katastrophe. Bemüht sich ein Kollege oder ein Freund der Familie dann um eine Birke, hat er wenig Aussicht, als intimer Seelentröster eine Rolle zu übernehmen, die über ein kameradschaftliches Verhältnis hinausgeht.

In Krisenzeiten wird das Verhalten dem Partner gegenüber häufig ironisch oder sarkastisch. Es ist in jedem Fall wenig geeignet, um eine Versöhnung herbeizuführen.

Das andere Extrem im Verhalten einer Birke ist, dass ein Partner gefühlsmäßig total eingenommen wird. Es ist schwer, sich dem Drängen einer Birke zu entziehen, obwohl das Element Luft das Verhalten prägt. Dieses Element macht eigentlich leicht, luftig und über der Erdenschwere schwebend. Ist jedoch eine Beziehung einmal in ein despotisches Verhalten hineingeschlittert, kommt auch das Element Luft nicht mehr dagegen an.

# Harmonische Partnerschaften

**Birke**
In der nachfolgenden Liste sind unter dem Geburtsdatum der Birke-Geborenen jeweils die Geburtstage eines möglichen Partners eingetragen. Eine Partnerschaft innerhalb dieser Geburtsdaten verspricht ein angenehmes Miteinander. Man kann Verständnis füreinander aufbringen, auch wenn das Leben einmal nicht glatt verläuft oder unangenehme Zwischenfälle die Atmosphäre belasten. Es ist der Gleichklang des Grundverhaltens, der für Harmonie sorgt.

**Birke, 24. 6.**

| | |
|---|---|
| Apfelbaum – 2. Dekade | 25. 6. – 4. 7. |
| Tanne – 2. Dekade | 5. 7. – 14. 7. |
| Ulme – 2. Dekade | 15. 7. – 25. 7. |
| Trauerweide – 1. Dekade | 1. 3. – 10. 3. |
| Linde – 1. Dekade | 11. 3. – 20. 3. |
| Nussbaum – 2. Dekade | 24. 10. – 11. 11. |
| Kastanie – 2. Dekade | 12. 11. – 21. 11. |
| Eiche | 21. 3. |

## Gesundheit

Das für manche Leute ziemlich anstrengende Naturell der Birke-Geborenen kann auch für sie selbst sehr nervenaufreibend sein. Ruhepausen sind deshalb in möglichst kurzen Zeitintervallen unbedingt zu empfehlen, wenn ihre hochgradige Nervosität keine physischen Beschwerden auslösen soll.

Die sanfte Art, die mit einer Birke-Frau in Verbindung gebracht wird, ist nur sporadisch wirksam. Schnell muss man erkennen, dass hier ein zähes Festhalten an den eigenen Grundsätzen selbstverständlich ist.

Der Interessenbereich ist bei den nachtgeborenen Birke-Leuten besonders breit gefächert. Kommen sie damit einmal in Konflikt mit dem ruhe- und erholungsbedürftigen Körper, sind größere Beschwerden, wie Migräneanfälle, nicht auszuschließen. »Krank sein« heißt für sie »schwach sein«.

Lebensfreude empfinden hypersensible Birken nur dann, wenn sie sich über die Meinungen oder Vorschriften von Kollegen und Vorgesetzten nicht allzu viele Gedanken oder gar Sorgen machen müssen. Harte Kämpfe im Leben sind für ein Birke-Naturell nicht zu akzeptieren.

Ergibt sich ein plötzlicher materieller Verlust, werden dadurch depressive Verstimmungen ausgelöst, mit denen Birke-Leute nur sehr schwer selbst zurande kommen. In solchen Fällen wäre Hilfe von außen sehr zu empfehlen.

# Ölbaum

*23. 9.*

## Allgemeines

Der Ölbaum-Zweig, seit über 2000 Jahren Symbol für Frieden, sagt viel über die Grundveranlagung eines Menschen aus, der an einem 23. September geboren wurde.

Frieden, das bedeutet in erster Linie, mit sich selbst im Reinen zu sein. Es ist eine Tendenz, die Harmonie auslöst, in der eigenen Seele wie auch im Umgang mit den Mitmenschen. Schon am Beispiel der Ölbaum-Kinder bestätigt sich das immer wieder. Sie zählen zu den Verträglichsten in einer Klasse und Eltern haben wenig Mühe, sie zu einem friedlichen und angenehmen Menschen zu erziehen. Doch sind damit keineswegs Genügsamkeit und Anspruchslosigkeit verbunden. Schon bei den kleinen Ölbaum-Kindern macht sich, wenn sie eingeschult werden, ein gewisser Führungsanspruch bemerkbar.

Ölbaum-Geborene haben im Berufsleben keine Schwierigkeiten, sollten sich kleinere oder größere Probleme ergeben. Sie verfügen über ein diplomatisches Geschick, das es jederzeit ermöglicht, das Geschehen auch in unangenehmen Situationen auf elegante Art und Weise in den Griff zu bekommen.

Mit dem Ölbaum-Symbol in den Geburtsdaten ist man das, was heutzutage als »clever« bezeichnet wird. Die Selbstinszenierung gelingt allen Ölbäumen ganz ausgezeichnet!

Nicht sehr glücklich fühlen sie sich, wenn ihnen Liebe angetragen wird, die nicht erwünscht ist. Sagen Ölbaum-Herren weder das Aussehen noch die Art des betreffenden weiblichen Wesens zu, können sie sich sehr taktlos verhalten. Sanft und friedfertig ist Ihre Grundveranlagung, das sollte auch dann Ihr Motto sein!

Funktioniert das Familienleben einmal nicht besonders, vielleicht sogar überhaupt nicht, so ist das sehr schmerzlich. Doch Menschen, die unter dem Symbol des Ölbaums zur Welt gekommen sind, haben die Gabe, über Schwierigkeiten leicht hinwegzukommen. Fleiß und Zielstrebigkeit im beruflichen Bereich können ihnen sogar ein unbefriedigendes Familienleben ersetzen. Sie haben stets ein Ziel vor Augen, für das sich jede Mühe lohnt.

Als ein großes Plus ist es zu werten, wenn Sie mit Ihren Kollegen, vielleicht sogar mit dem Chef, auf einer Wellenlänge liegen. Das Element Luft, das an jedem 23. September zur Verfügung steht, verbindet Sie auf eine besondere, zwingende Art mit diesem Personenkreis, mit dem Sie den ganzen langen Arbeitstag in engstem Kontakt stehen. Es ergibt sich eine gewisse Seelenverwandtschaft, die sich in gegenseitiger Sympathie und Duldsamkeit äußert.

Möchten Sie Ihre ganz persönliche Meinung zum Besten geben, sollte jegliche Aussage, jede Behauptung genauestens überlegt werden. Unbesonnenheit oder gar unangenehme Überraschungseffekte haben persönliche Nachteile zur Folge.

Ölbaum-Leute sind meist angenehme Gesellschafter und sind in jedem Kreis willkommen. Besonders geschätzt werden sie, wenn sie durchblicken lassen, dass sie an Kunst interessiert sind.

Nicht zu übersehen wäre dabei, dass die vielen Möglichkeiten, andere Leute auf sich aufmerksam zu machen, einem Partner nicht zusagen. Eifersucht könnte dabei aufkommen, für die ein Ölbaum-Geborener niemals Verständnis aufbringen kann.

Vorsichtig und sehr überlegt sollten Ölbaum-Geborene mit Angeboten umgehen, die ihnen außerhalb ihres Arbeitsbereiches gemacht werden. Man weiß, dass sie klug und umsichtig sind, und verspricht sich viel davon, sie zum Geschäftspartner oder zum Mitarbeiter zu haben. Auch wenn sie nicht abgeneigt wären, einen Schlussstrich unter die bisher ausgeübte

Tätigkeit zu ziehen, eine gravierende Veränderung birgt immer ein gewisses Risiko, das dabei mit einkalkuliert werden sollte.

Unsaubere Geschäftsmethoden, wie sie heutzutage üblich sind, sagen dem soliden Ölbaum nicht zu. Schnelles Geld zu machen ist verlockend, aber die Nebenerscheinungen, die sich dadurch ergeben, können sehr unerfreulich sein.

Gegen gelegentliche Verstimmungen hilft in vielen Fällen ein herzlicherer Umgang mit Berufskollegen. Auch Vorgesetzte sehen ein heiteres Gesicht lieber als eine trübselige Miene. »Keep smiling« sollte zu Ihrem Motto werden!

In den Monaten Februar, Juni und Oktober, wenn das Element Luft die Zentralgewalt übernimmt, können alle Ölbaum-Leute mit beschwerdefreien Tagen rechnen. Das betrifft auch ihr körperliches Wohlbefinden. Im Aufwind dieser Tage sind sie alle versöhnlich gestimmt. Ihr Privatleben bekommt einen besonderen Glanz, ihre Lebensfreude wird aktiviert.

Haben Sie Reisepläne – bei Ölbaum-Geborenen ein permanenter Zustand –, sollten Sie sich in diesen Monaten die Zeit für derartige Unternehmungen nehmen. Setzen Sie sich in ein Flugzeug, in Ihr Auto oder einen Zug und fahren Sie los. Dies bedeutet für Sie immer ein großes Vergnügen! Sie sind an einem Tag geboren, der vom Abschied des Sommers geprägt ist, an einem Grenzpunkt zwischen den Zeiten, der bei allen, die an einem 23. September geboren sind, eine manische Reiselust auslösen kann.

Das Leben der Ölbaum-Leute ist selten sehr beschwerlich oder mit unüberwindlichen Hindernissen belastet, sofern sie sich zu den Taggeborenen (6 Uhr morgens bis 6 Uhr abends) zählen können. Es steht ihnen allen ein wunderbarer Optimismus zur Verfügung, der über längere Zeitphasen permanent wirksam ist.

Mit einer Initiative, die bei ihren beruflichen Bemühungen besonders auffällt, weiß man an verantwortlicher Stelle schnell, dass sie für Sonderaufgaben und Sondereinsätze hervorragend geeignet sind. Damit könnten Sie sich eine Basis schaffen, die Ihnen ein besonderes Ansehen und eine günstige Entwicklung Ihres Gehalts ermöglicht.

Ihr Privatbereich bekommt so ab und zu einen Trend zu verspüren, der besonders intensive Gefühle aufkommen lässt. Sie wollen, wenn sich diese schon einmal nachdrücklich bemerkbar machen, auch etwas geboten bekommen. Niemand will heute Rätsel lösen, falls sich eine Liebe ergibt, die das Leben voll in Anspruch nimmt.

Endgültige Entscheidungen privater Art sollten gut überlegt sein. Ihre heitere, fast sorglose und liebenswerte Seite kommt erst dann voll zum Ausdruck, wenn Sie mit Herz und Verstand bei der Sache sind. Erst unter diesen Voraussetzungen kann von Liebe die Rede sein. Niemand muss Sie dabei darauf aufmerksam machen, dass der Verstand den gleichen Stellenwert hat wie das Gefühl.

Betrachtet man die Wesensart und Verhaltensweise von Ölbaum-Geborenen genau, so kommen sie eigentlich mit jeder Sorte Mensch ausgezeichnet zurecht. Das Herstellen guter Kontakte bedeutet für sie keine größeren Schwierigkeiten. Ihr Mitteilungsbedürfnis sollte sich jedoch in Grenzen halten. Dies ist nur Selbstschutz, der vor Enttäuschungen bewahren soll!

Immer wieder ist es der Beruf, die Arbeit, die Ihre volle Aufmerksamkeit verlangt. Alle Möglichkeiten, sich eine besondere Position zu erarbeiten, sollten ins Auge gefasst werden. Auch Nebensächlichkeiten müssen in Ihre Überlegungen einbezogen werden. Haben Sie den Überblick über alle Vorgänge, die Ihr Arbeitsressort betreffen, haben Sie alles getan, um vorgefasste Ziele zu erreichen? Dann sind Sie auch den anspruchsvollsten Erwartungen eines Vorgesetzten gewachsen. Eine 100-prozentige Garantie für Erfolge bekommt auch ein Ölbaum nicht. Die Überzeugung, dass Sie über das geistige Rüstzeug und über die Gabe einer gewissen Intuition verfügen, gibt Ihnen jedoch die Gewissheit, dass Sie sich über Ihre Zukunftsaussichten keine Sorgen machen müssen.

Sich auf ein Risiko einzulassen ist für alle Ölbaum-Geborenen eine fragwürdige Angelegenheit. Was Sie anstreben, muss auf einer stabilen Basis aufgebaut sein. Finanziell sind Sie vor wirklich unangenehmen Überraschungen sicher. Sie können rechnen und stellen solides Verhalten immer über einen sich ab und zu bemerkbar machenden Leichtsinn.

Im Bekanntenkreis ist in den Monaten März, Juni und November das Element Wasser besonders betont. Zeigt sich dann auch noch der Liebeshimmel wolkenlos, sind Sie bester Laune! Ein bisschen Temperament, ein bisschen Übermut passt in diesen Monaten mit dem überschäumenden Element Wasser ganz ausgezeichnet zu Ihrem Unternehmungsgeist.

Lassen Sie sich von diesem wolkenlosen Liebeshimmel verführen. Überlegen Sie es sich nicht allzu lange, sollte sich ein Zusammensein mit besonders angenehmen Menschen ergeben.

# Konzentrierte Sonnenenergie für meinen Baum

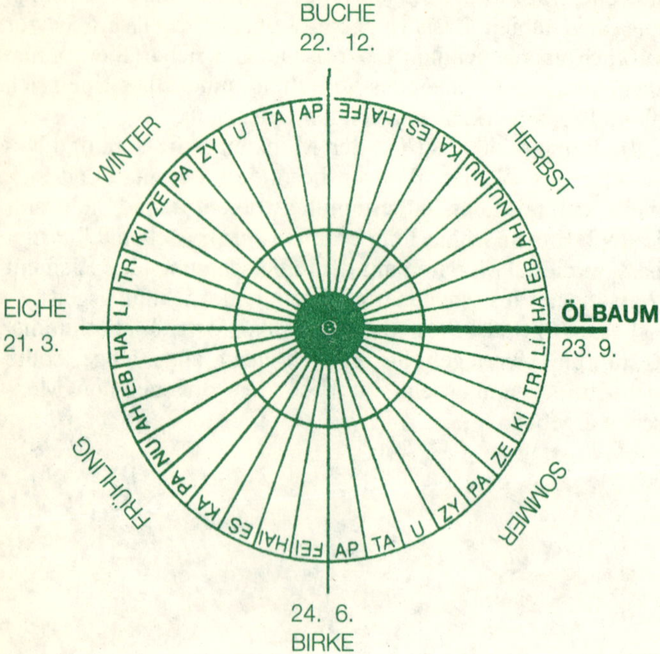


Der markierte schmale Abschnitt zeigt die Position Ihres Baumes innerhalb der vier Jahreszeiten an. Die zu diesem Zeitpunkt wirksame Sonnenenergie ist ein kosmischer Einfluss, durch den das Universum eine besonders enge Beziehung zur Erde und damit zu den an diesen Tagen geborenen Menschen herstellt.

Die einzelnen Baumfelder sind mit den Anfangsbuchstaben des betreffenden Baumes gekennzeichnet.

## Liebe und Partnerschaft

Ob Ölbaum-Frau oder -Mann, beide sind bei einem endgültigen Entschluss zu einer dauerhaften Bindung sehr wählerisch. Der stets wache Geist ist äußerst kritisch und bemüht, die richtige Wahl zu treffen. Obwohl Ölbaum-Leute zum Alleinsein kaum prädestiniert sind, ist es doch völlig ausgeschlossen, dass bei einer endgültigen Partnerwahl Kompromisse geschlossen werden.

Die dynamische Kraft, die diesen Menschen mitgegeben ist, macht sie für ein Single-Dasein ziemlich ungeeignet. Deshalb müssen sie sich im Ernstfall für eine warme Herzlichkeit entscheiden und den scharfen Geist einmal eine Nebenrolle spielen lassen.

Ist eine enge Beziehung einmal zustande gekommen, wird Treue zu einer Forderung, die in vollem Umfang akzeptiert werden muss.

Die etwas schulmeisterliche Art der Ölbaum-Leute ist kaum geeignet, in einem langen gemeinsamen Leben Harmonie und innige Liebe gedeihen zu lassen. Sie sollte entsprechend gemäßigt werden.

Der männliche Partner einer Ölbaum-Dame darf auch erheblich älter sein. Es ist wahrscheinlich die Reife der älteren Herren, die von jüngeren Ölbaum-Damen bevorzugt wird.

Die Nachtgeborenen (6 Uhr abends bis 6 Uhr morgens) zeigen erfahrungsgemäß vom 14. bis zum 21. und vom 28. bis zum 35. Lebensjahr eine Neigung zu Pessimismus. Doch ist es für sie selbstverständlich, dass Depressionen nicht nachgegeben wird. Der enorme Fleiß und ihre exakte Art, aufgetragene Arbeiten zu erledigen, lässt nicht zu, dass sich eine pessimistische Stimmung auf längere Zeit durchsetzt.

# Harmonische Partnerschaften

**Ölbaum**

In der nachfolgenden Liste sind unter dem Geburtsdatum der Ölbaum-Geborenen jeweils die Geburtstage eines möglichen Partners eingetragen. Eine Partnerschaft innerhalb dieser Geburtsdaten verspricht ein angenehmes Miteinander. Man kann Verständnis füreinander aufbringen, auch wenn das Leben einmal nicht glatt verläuft oder unangenehme Zwischenfälle die Atmosphäre belasten. Es ist der Gleichklang des Grundverhaltens, der für Harmonie sorgt.

**Ölbaum, 23. 9.**

| | |
|---|---|
| Zypresse – 1. Dekade | 25. 1. – 3. 2. |
| Pappel – 1. Dekade | 4. 2. – 8. 2. |
| Zeder – 1. Dekade | 9. 2. – 18. 2. |
| Kiefer – 1. Dekade | 19. 2. – 29. 2. |
| Haselnuss – 2. Dekade | 24. 9. – 3. 10. |
| Eberesche – 2. Dekade | 4. 10. – 13. 10. |
| Ahorn – 2. Dekade | 14. 10. – 23. 10. |
| Esche – 1. Dekade | 25. 5. – 3. 6. |
| Hainbuche – 1. Dekade | 4. 6. – 13. 6. |
| Feigenbaum – 1. Dekade | 14. 6. – 23. 6. |

## Gesundheit

Noch sehr dem Sommer verbunden, ist das Ölbaum-Naturell doch schon von der gemäßigten Tendenz geprägt, die der Herbst auslöst. Mit jedem Tag, an dem die Sonne an Kraft und Wärmeenergie einbüßt, werden sich Ölbäume ihrer Abhängigkeit vom Naturgeschehen stärker bewusst.

Wurde man an einem 23. September geboren, verfügt man über ein glasklares Urteilsvermögen und ist von sich und seinen Qualitäten überzeugt. Hier ist eine Charakterfestigkeit wirksam, die besonders Familienmitglieder überzeugt.

Krankheitssymptome können sich bei Ölbaum-Geborenen, die zwischen 6 Uhr morgens und 6 Uhr abends geboren sind, völlig überraschend nachts bemerkbar machen und werden meist von psychischen Verletzungen ausgelöst. Sie können auch ebenso schnell wieder verschwinden! Meist ist es eine wiedergewonnene Zuversicht, die sich positiv und erfreulich auswirkt.

Wichtig ist, dass Familienmitgliedern kein allzu großer Einblick in gelegentliche gesundheitliche Störungen gewährt wird. Nichts verträgt eine Ölbaum-Dame weniger als betuliche Fürsorge. Nur Ölbaum-Herren legen ab und zu Wert auf ein mitfühlendes Herz!

Ein Blick auf das Alter gibt schnell Auskunft, was von diesem Naturell zu erwarten ist: Befindet sich der Betreffende noch vor dem Abschluss der siebten Lebensphase (49 Jahre), ist eine gesundheitliche Störung nicht sehr ernst zu nehmen!

# BUCHE

*22. 12.*

## Allgemeines

Der impulsiven Verhaltensweise der Buche-Geborenen werden nicht selten Einschränkungen auferlegt, die sie jedoch kaum dazu veranlassen, sich stiller und bescheidener zu verhalten.

Großartige Pläne, die nur zu gerne geschmiedet werden, sind nur bis zum Ende weiterzuentwickeln, sofern sich ein materieller Erfolg dabei abzeichnet.

Sind Buche-Damen und Buche-Herren künstlerisch begabt, fällt es ihnen in vielen Fällen recht leicht, sich einen Namen zu machen. Hier sind sogar Leistungen möglich, die nicht nur einen kleinen Kreis interessieren.

Buche-Herren fühlen sich bei gewissen Problemen veranlasst, ihren Willen mit harten Bandagen durchzusetzen. Ein unzumutbarer Starrsinn ist aber nicht das geeignete Mittel, um den Erfolg zu erzwingen.

In einzelnen Fällen bieten sich die Monate Januar, Mai und September als besondere Erfolgsmonate an. Es ist das Element Erde, das in diesen Wochen dem Buche-Naturell so hilfreich entgegenkommt. Freundschaften werden unter diesem Einfluss intensiviert, das Besitzstreben wird erfolgreicher, der finanzielle Gewinn beachtlicher! Es kann sogar zusätzliches Geld durch Lotteriegewinne, Sportwetten und dergleichen auf dem Konto eingehen.

Das Liebesempfinden bewegt sich bei Buche-Geborenen in gemäßigter Temperatur. Man unterwirft sich hier nicht einem Diktat. Sie sollten sich jedoch etwas einfallen lassen, damit die Zuneigung eines Partners nicht nur von ein paar dürftigen Liebesschwüren dann und wann leben muss.

Ein bewegter Tagesablauf ist ihnen wesentlich sympathischer als ein gemütliches, bedächtiges, temperamentloses Leben. Die ausgezeichnete Verfassung, die sich an bewegten Tagen bemerkbar macht, ist meist den Sommermonaten zuzuschreiben. Bei jahreszeitlich festgelegter Wärme ist bei den meisten Buche-Geborenen gute Laune angesagt. Bewegung, Betriebsamkeit und Temperament bestimmen dann ihre Verhaltensweise, die in ihrer persönlichen Grundveranlagung bereits vorhanden ist. Der angeborene Ehrgeiz wird besonders angeregt.

Ihre sehr direkte Art, Störfelder zu beseitigen, lässt das Wort Problem niemals gelten. Es müssen schon sehr schwerwiegende Hindernisse vorliegen, um sie tatsächlich aus der Ruhe zu bringen.

Ergeben sich kleinere, aber heftige Diskussionen, ist es absolut nebensächlich, sollten Sie hier nicht Wortführer sein.

Der Beruf ist für Buche-Damen wie -Herren stets von größter Wichtigkeit. Alles andere wird häufig als Nebensache eingestuft und behandelt.

Es schadet Ihrem Ruf sicher nicht, wenn verschiedene Zeitgenossen überzeugt davon sind, dass Sie zu der Sorte Mensch gehören, die sich nur wohl fühlt, wenn sie über der Masse steht.

Bei männlichen Buchen kann es vorkommen, dass sie sogar Turbulenzen mögen. Sie haben genügend Kraftreserven, um auch eine äußerst hektische Betriebsamkeit zu bewältigen.

Lebhafte Geschehnisse privater Art sind jedoch nicht geeignet, die Laune zu heben und das Temperament in Bewegung zu bringen.

Ihre besonderen Eigenschaften sind Ausdauer, Konzentrationsfähigkeit und ein persönlicher Stolz, der ganz sicher nie menschliche Eitelkeit zur Grundlage hat.

Sie setzen stets Ihre ganze Kraft ein, um den persönlichen Besitz zu vermehren. Damit prädestinieren Sie sich für einen ausgezeichneten Verwalter des eigenen und, wenn es sich ergibt, auch eines fremden Kapitals.

Das Repräsentative nimmt einen großen Raum in Ihrem Leben ein. Die Buche, ein herrlicher und stets imponierender Baum, ist wie dafür geschaffen, ein elitäres Verhalten an den Tag zu legen.

Was Sie vorhaben, was Sie planen, wird gründlich durchdacht, bevor Sie zur Tat schreiten. Ihr sicherer Instinkt leistet dabei ausgezeichnete Hilfe.

Ergibt sich eine berufliche Tätigkeit im Geld- oder Börsengeschäft, sind taggeborene Buchen bestens dafür geeignet. Verhandlungsgeschick, getragen von einem diplomatischen Verhalten, ist das beste Kapital, das ihnen zur Verfügung steht.

Buche-Damen können sich in der Modebranche besondere Möglichkeiten erwarten. Allerdings muss künstlerisches Empfinden vorhanden sein, um ihren vollen Einsatz zu rechtfertigen.

Die perfekte Selbstinszenierung, die Buche-Geborene als Talent mitbekommen haben, beherrschen alle, besonders die Damen. Sie ist heute schon ebenso wichtig wie profundes Wissen und Können.

Es ist schon fast beneidenswert, wie Buche-Leute mit den unterschiedlichsten Einflüssen zurechtkommen. Was sie in ihr Programm aufgenommen haben, hat Hand und Fuß. Was sie organisieren, wird von Selbstbewusstsein und Selbstvertrauen gestützt.

Die dynamische Kraft der Buche-Geborenen ermöglicht spektakuläre Unternehmungen. Wichtig ist jedoch immer, dabei gewisse Grenzen zu respektieren. Bei Aktionen, die ab und zu mit brachialer Gewalt in Angriff genommen werden, ist Disziplin das Einzige, was Ordnung und System aufrecht erhält.

Buche-Damen, energisch und zielbewusst, bringen für sogenannte Männerberufe ausgezeichnete Qualifikationen mit. Haben sie dann noch Mitarbeiter, die geschmeidig, aber keinesfalls unterwürfig zur Verfügung stehen, ist es niemals in Frage gestellt, ob eine Spitzenposition für sie geeignet wäre.

Es ist keine Seltenheit, dass sich Buche-Herren für neue Methoden im Arbeitsbereich interessieren. Das Schwimmen gegen den Strom sollten sie aber bleiben lassen. Die Freude an einem derartigen Unternehmen würde nie lange andauern. Sie wissen alle sicher schon längst, dass für eigensinnige Buche-Typen das Durchsetzen ohne jede Rücksicht zum Nachteil gereichen kann.

Künstler bekommen zeitweise einen rechthaberischen Trend zu spüren, der jedoch auf wenige Wochen im Jahr beschränkt sein wird. Wirklich begabte Künstler können eine innere Auflehnung, die sie äußerlich nicht ausleben können, in Kreativität umsetzen.

Sie sollten dafür sorgen, dass Ihr Leben nicht ständig unter Spannung steht. Besondere Fürsorge steht Ihnen an Ihrem Geburtstermin, der Wintersonnenwende, zur Verfügung. Vor allem im familiären Bereich fühlen Sie sich jetzt dazu veranlasst, eine sanftere Bereitwilligkeit auf beiden Seiten zu ermöglichen. Jede Unruhe, jede Unentschlossenheit wird damit ausgeschaltet.

Haben Sie einmal die Gelegenheit, sich mit Ihrem Privatleben intensiv zu beschäftigen, sollten Sie diese nützen. Ihr privater Bereich könnte damit zu einem positiven Lebensaspekt werden, der Ihnen jede Menge Kraft und vor allem Lebensfreude schenkt.

Das sind Chancen, die genützt werden müssen. Sieht man sich die Lebensbedingungen an, die von Ihrer Einstellung und Ihrem Verhalten geprägt werden, sind Tage der Vertrautheit und der Intimität mit dem Partner an den zehn Fingern abzuzählen.

Der Vergleich mit einem wolkenverhangenen Himmel ist durchaus berechtigt. Es liegt an Ihnen, diesen trüben Himmel in einen sonnendurchfluteten zu verwandeln. Sie müssen nur einmal auf den Geschmack kommen. Es wird dann nicht viel Zeit in Anspruch nehmen, bis Sie das erreicht haben, was man als Glück des Lebens bezeichnen kann.

# Konzentrierte Sonnenenergie für meinen Baum

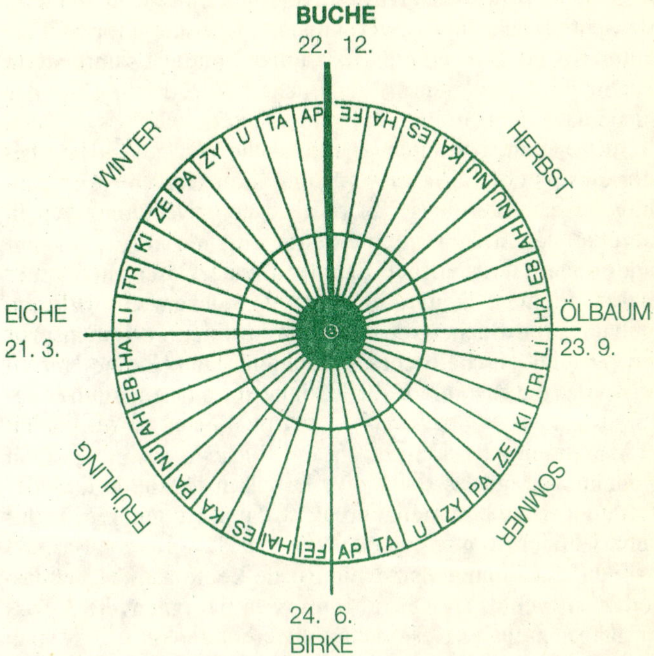


Der markierte schmale Abschnitt zeigt die Position Ihres Baumes innerhalb der vier Jahreszeiten an. Die zu diesem Zeitpunkt wirksame Sonnenenergie ist ein kosmischer Einfluss, durch den das Universum eine besonders enge Beziehung zur Erde und damit zu den an diesen Tagen geborenen Menschen herstellt.

Die einzelnen Baumfelder sind mit den Anfangsbuchstaben des betreffenden Baumes gekennzeichnet.

## Liebe und Partnerschaft

Eine lebensbejahende, optimistische Einstellung ist der besondere Vorzug dieser zur Wintersonnenwende geborenen Menschen. Das vom Unterbewusstsein gelenkte intuitive Verhalten ist ein nicht zu unterschätzender Vorzug. Es unterstützt die angeborene Wesensart der Buche-Leute, die stets auf der Suche nach dem Besonderen sind.

Buche-Damen strahlen eine herzliche Wärme aus. Bei den Herren sind Gutmütigkeit und ein starker Gerechtigkeitssinn mitgegeben. Allerdings gibt es auch negative Buche-Typen. Gefühle gleiten dann in eine Sentimentalität ab, die nur mit einer recht unerfreulichen Eigenliebe zu erklären ist.

Das Element Feuer, bis zum 24. Dezember wirksam, schenkt allen Buche-Geborenen in bestimmten Lebensphasen ein leidenschaftliches Verhalten. Den Buche-Herren bringt das die besondere Zuwendung eines bestimmten Frauentyps ein!

Aus seinen Absichten macht ein Buche-Typus niemals ein Geheimnis. Man lässt sich von Impulsen leiten, die aus der Tiefe der Seele kommen, und weiß, damit ist man immer auf dem richtigen Weg.

Liebesbeziehungen sind für Buche-Leute als ideal zu bezeichnen, wenn sich gleiche Interessen begegnen, die Anlass für lange, intensive Gespräche sind.

Zu erwähnen wäre noch die betonte Reisefreudigkeit der Buche-Geborenen, die akzeptiert werden muss. Hat man eine Buche zum Lebensgefährten, muss man sich damit anfreunden, dass die Urlaubstage ausschließlich dafür reserviert sind.

# Harmonische Partnerschaften

**Buche**

In der nachfolgenden Liste sind unter dem Geburtsdatum der Buche-Geborenen jeweils die Geburtstage eines möglichen Partners eingetragen.

Eine Partnerschaft innerhalb dieser Geburtsdaten verspricht ein angenehmes Miteinander. Man kann Verständnis füreinander aufbringen, auch wenn das Leben einmal nicht glatt verläuft oder unangenehme Zwischenfälle die Atmosphäre belasten. Es ist der Gleichklang des Grundverhaltens, der für Harmonie sorgt.

**Buche, 22. 12.**

| | |
|---|---|
| Apfelbaum – 1. Dekade | 23. 12. – 1. 1. |
| Tanne – 1. Dekade | 2. 1. – 11. 1. |
| Ulme – 1. Dekade | 12. 1. – 24. 1. |
| Kiefer – 2. Dekade | 24. 8. – 2. 9. |
| Trauerweide – 2. Dekade | 3. 9. – 12. 9. |
| Linde – 2. Dekade | 13. 9. – 22. 9. |
| Kastanie – 1. Dekade | 15. 5. – 24. 5. |

## Gesundheit

Im Privatleben der Buche-Geborenen sind ab und zu Hürden zu überwinden, die ihre Kraft und Geduld bis an die Grenzen beanspruchen. Psychische Verstimmungen und Schlafstörungen sind dann Warnzeichen, dass das bei Buchen so hervorragend funktionierende seelische Gleichgewicht nicht mehr in Ordnung ist.

Man hat klare Vorstellungen davon, wie das Leben gemeistert werden kann, und hat, sofern man an einem 22. Dezember geboren wurde, auch meist das Glück, nach diesen Grundsätzen leben zu können.

Ist einmal eine völlige Umorientierung in Liebesangelegenheiten notwendig, nehmen Buche-Geborene leichten Herzens Abschied von einer Liebe, auch wenn sie im erotischen Bereich als glücklich zu bezeichnen war.

Ob Buche-Frau oder -Mann, privat wird absoluter Frieden erwartet. Im Beruf ist man wesentlich großzügiger. Hier sind auch Kompromisse möglich. Das macht Menschen mit dem Baumsymbol Buche fast unverwundbar gegenüber Fremdeinflüssen. Die Seele kann einiges vertragen, falls negative Strömungen nicht von der eigenen Familie oder einem geliebten Menschen ausgelöst werden.

Durch ihr immenses Selbstvertrauen sind Buchen besonders geeignet als Führungspersönlichkeiten oder für einen Arbeitsplatz, der großes Verantwortungsbewusstsein verlangt. Ein Eigensinn, der sich bis zur Verbohrtheit steigern kann, könnte Ihnen jedoch den Zugang zum Verständnis für Mitarbeiter versperren. Sorgen Sie dann schnellstens für Abhilfe, denn Ihr eigenes Ich braucht die seelische Verbundenheit, damit Ihre Arbeit erfolgreich abgeschlossen werden kann. Gleichgültigkeit gegenüber dem Wohlbefinden Ihrer nächsten Mitarbeiter schadet Ihnen mehr als den anderen.